差し出し方の教室

幅允孝

弘文堂

プロローグ

時間の奪い合いが激しい時代に

「ブックディレクター」って何だろう？　とあなたは思うかもしれません。それは書店員さんとも図書館司書さんともちょっと違います。一言で語れないので、こういう本を書いているわけですが、端的に言うと「しっかり意図を持って本を選び、それを手に取る機会を環境も含めて整える」仕事です。

近年は時間の奪い合いが激しいですし、一方で
入に時を要するメデ

デザイン　帆足英里子

映える写真、ささやかな短いつぶやきで人を唸らせたり、承認欲求を満たしたりすることに誰もが奮闘せざるを得ない時代、本を手に取り読んでもらうことはとても難しくなっています。

その流れで、書店や図書館に足を運ぶ人は少しずつ減ってきています。この本を偶然手に取ったあなたも、自身が書店で立ち読みする時間や、家で本を読み耽る時間が以前より少なくなったことを実感しているかもしれません。そんな、「人が本の場所に来ない時代」に「人がいる場所へ本を持っていく」。そして、それを読んでもらい読者の日々のどこかの側面を少しでも駆動させようとするのが僕の仕事というわけです。

けれど、自分の好きな本を一方的に押し付けても、それは残念ながら「おせっかい」にしかならないのも事実です。SNSの浸透に比例して趣味嗜好がタコツボ化し、自分の「好き」が圏外には伝わりにくくなってきています。

例えば、僕の場合はそんな状況を変えるため、読み手となるかもしれない人にインタビューを重ね、本棚を置くところの場所性や来歴なども考えながら選書をしています。その場所に似つかわしい本と自分の薦めたい本の距離を縮めるイメージなのですが、詳しい話は後に譲りましょう。

ともあれ、ブックディレクターとして食べてきた18年は、そうした試行錯誤を重ねながら様々なところにライブラリーや書店をつくってきました。公共図書館だけでなく、病院図書館や企業図書館、ユニークな案件だと動物園や美術館、空港などにも本が読めたり、買えたりする場所をつくりました。今まで本がなかった場所、なくても困らなかった環境に本が染み出し、なんとか1頁目をひらいてもらう工夫を繰り返してきたつもりです。

「差し出し方」とは？

そんな僕が、近頃気づいたことがあります。それは、

何を選ぶのかも重要ですが、
選んだ「それ」をどう差し出すのか？が、
より大切な時代になってきている。

また、同じ「もの」や「こと」でも
差し出し方によって
相手への伝わり方が異なる
ということです。

丁寧に本を選んでも、それらが本棚でぐちゃぐちゃに乱れていると多くの人は手に取る気になりません。本の背表紙をきちんと棚板の手前際にそろえる。それらの書物がどんな配列で並び、隣同士のタイトルがどんな関係になるのかを吟味する。そんな細やかなことに気を配りながら配架をしてきました。しかも、話は本そのものに留まりません。例えば、本棚の棚板の木の種類、傍らに置くテーマサインの材質、そのタイポグラフィ、テーマの名付け方、書架の前の床材、本を照らす照明計画…。あらゆる周辺環境が、その本を手に取ろうとする心持ちとつながっていると思えるのです。

誤解のないように伝えておきますが、昨今増えてきた洒落た本の空間をつくりましょうという話ではありません。1冊の本に興味を持ち、手に取り、読み始めてもらうのに、今まで考えもしなかった細やかなことまで熟慮しないと本は届かなくなってしまっているというのが正直な気持ちです。もっと言うなら、僕が本を届けるときに最良だと思える状況は、「読め、読め」と圧力や切迫を感じさせて読んでもらうのではなく、「気がついたら読んでいた」という状況をつくることです。

そういった無意識下にある何かに訴える仕掛けを含む、届きにくい「もの」や「こと」の伝達（と周辺環境の整備）について考えることを、この本では「差し出し方」の探究と定義してみました。そして、本書の意図はその「差し出し方」について、ブックディレクターとして実践してきたことを開示し記録することと、世の中に数多存在する「差し出し手」から学び、自身のそれを深めようとする試みにあります。

そう、本の業界のみならず、そうした「差し出し方」について悩み考え、更新し続けているプロフェッショナルが世の中には沢山いました。誰かがつくった音楽をダンスフロアの空気感や聴衆の反応に応じて選曲するＤＪ

も、茶会の亭主も、様々な作り手のワインを飲み手の気分に応じてサーヴするソムリエも、アート作品の構成と配置を考え、文脈によって提案するキュレーターも、旬の野菜を人通りの多い正面平台に置く商店街の八百屋さんも、同じ「差し出し手」の仲間だと思っています。

「差し出し方」の教室

本書では、様々なジャンルの「差し出し手」に登場いただきます。そして、それぞれの分野で自身の伝えたいものをどんな方法で届けようとしているのかをお聞きしました。また、その「対話」を受けて、僕自身が思った「差し出し方」に関する「考察やメソッド」が一対になり、全部で7つの『「差し出し方」の教室』に触れられる構成にしました。

まず最初に、東京国立博物館の展示デザイナーを務める木下史青さんから、「気配のデザイン」や「遭遇ストーリー」について話を聞きました。木下さんは、この「差し出し方」という切り口に気づくきっかけとなった「国宝 阿修羅展」の展示を手掛けた方です。

2人目のインタビュイーは、(元) 恩賜上野動物園の園長を務め、現在は日本パンダ保護協会会長を務める土居利光さん。土居さんには動物の生態展示とその魅せ方について語っていただきました。

3人目は、デジタルとリアルの世界を縦横無尽に横断するアブストラクトエンジン代表の齋藤精一さん。ここでは齋藤さんと考えるウェブ上から始まるコミュニケーションの形についての対話が中心です。

4人目は東京・四谷で紹介制のバー「HIBANA」を切り盛りするワインソムリエ、永島農さん。彼は、目の前のお客さんに一杯のワインを差し出すその仕事を、ソムリエではなくサービスマンだと言い切りました。その言葉の裏に隠された想いを探ります。

そして、5人目からは僕がブックディレクターとして本を差し出す仕事を一緒にしてきた方々と話す実践編へと移行します。兵庫県・城崎温泉で「NPO法人 本と温泉」を切り盛りする「旅館 錦水」の大将伸介さんと「三木屋旅館」の片岡大介さんとの話は、「地方創生」

という言葉ばかりが先走りするこのご時世に、町に根付く新しい文化をどうつくり、観光産業として伝えていくのかという対話です。

6人目は、佐賀市内で通院型の心療内科・内科中心のクリニックを営む亀谷真智子さんとの対話です。亀谷先生とは、患者さんとそのご家族のためのライブラリーづくりをご一緒しましたが、医療の現場で患者さんたちに何が差し出せるのか？　本は役に立つのか？　という話をしました。

最後の7人目は、静岡県沼津市にある丘の上保育園の理事長 河野義文さんと、園長の大川敦子さんとの対話です。僕はこの保育園に園児用ライブラリーをつくったのですが、子どもという無垢で素直な相手を前にしたときに、物事をどう差し出し、伝えればよいのかとお話させていただきました。

僕がこの本で読者のみなさんに伝わるといいなと思っていることは、自分なりの「伝え方」を探す苦しみや喜びです。自身の「好き」を誰かに伝えたいと思うことは、いつの時代も人が望んできたことだと僕は思います。自身の内側から湧き出る「好き」から始まるコミュニケーションが、共感や共鳴に変わっていく不思議。もしくは、全然伝わらないもどかしさ。様々な感情に揺さぶられながらも「なんとか伝えたい」と強く望む人にとって、この本がささやかなきっかけになれば、これ以上嬉しいことはありません。もちろん、それは個々の状況下で失敗を繰り返しながら会得していくものですから、本書に即効性を求めることは難しいのかもしれません。が、本の届け方に対して考え、もがいてきた一人の人間の奮闘記として読んでもらえたら幸いです。

見えない大勢に向かってではなく、確かにそこにいる小さな一個人に向けて、僕らは自分の伝えたいものをどう差し出すべきか？　どうしたら、「それ」は届くのか？　それを考えるために、彼らに会いに行きました。

目次

第 I 部

様々な「差し出し手」に会いに行く

1時間目

博物館での差し出し方

――東京国立博物館学芸企画部上席研究員　木下史青さんの場合

光の差し出し方

幅　木下さんの仕事で、僕が感銘を受けたのは、少し前になりますが東京国立博物館で開催された「阿修羅展」（正式名称：興福寺創建1300年記念　国宝　阿修羅展）における阿修羅像（正式名称：国宝　八部衆のうち阿修羅立像）の差し出し方でした。360度、様々な方向から像と対話が可能になり、また絶妙な照明計画により、今までの自分が知った気でいた阿修羅像と、まったく違った阿修羅に出会えた気持ちになったのです。

　その既視感を未知のわくわく感に変貌させた方法に触れたいなと思い、今日はお時間を頂戴したのですが、そもそも博物館で何かを展示するということがどういうことなのか？　という点から聞いていきたいと思います。

　ご存知の通り、今の検索型社会では、インターネットを介してどんな

木下史青
展示デザイナー。東京国立博物館上席研究員（学芸企画部百五十年史編纂室兼務）。1965年、東京都生まれ。東京藝術大学大学院美術研究科修了。博士（美術）。98年より博物館専属の展示デザイナーとして、東京国立博物館に勤務。照明、配置、保存等、展示に関するプロデュースを行い、「国宝 平等院展」「国宝 阿修羅展」などの特別展・総合文化展の展示デザインを手がける。2004年、「東京国立博物館 本館リニューアル」において、平常展示のリニューアルデザインを担当し、平成18年度日本デザイン学会年間作品賞を受賞。著書に『博物館へ行こう』（岩波書店）、共著書に『昭和初期の博物館建築』（東海大学出版会）がある。

情報でも入ってきます。本で例えるならば、現代は読んだ気になるのも、読んだふりをするのも、すごく楽な世の中なんですよね。スマートフォンでちょいと検索すれば、カバー画像が見られて、誰かのレビューも読めて、書誌データもあって、あらすじや骨子まで書いてある親切なサイトだってある。テキストそのものや、紙束に触れていなくても、これってだいたいこういうことが書いてあるよね、と読んだ気になれる。

けれど、実のところ読書というのは書き手と読み手が一対一で向き合いながら行う精神の受け渡しみたいなものだと思っている僕にとっては、ネット上に浮かび流れる情報を3分間眺めるのと、実際に本のページを3分間パラパラめくるのとではまったく違う経験が自分のなかに入ってくるものだと思っています。

木下さんも著書のなかで書いていましたけれど、インターネットで画像検索をすれば仏像だろうが、器だろうが、何でも見られる世の中で、わざわざ実物を博物館に置いて、それを人に見せることの意味や意義を、どう思われていますか？

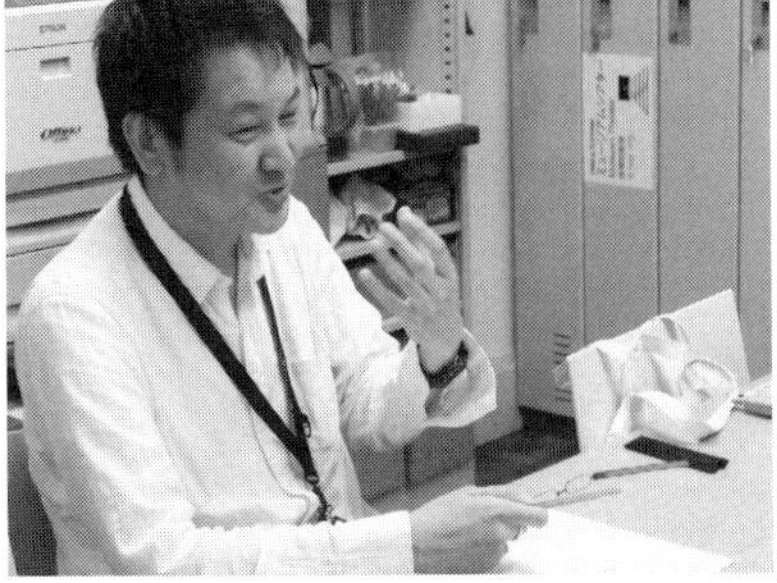

東京国立博物館
日本と東洋の美術品、考古遺物など11万件以上を収蔵する国内最古の博物館。1872（明治5）年創設。本館、表慶館、東洋館、平成館、法隆寺宝物館、黒田記念館の6つの展示館と資料館その他の施設からなる。

木下　わかりやすい話で言えば、図録に負けないような展示空間をつくるのが僕の仕事です。

幅　なんと。『図録に負けない』ですか…。

木下　僕の経験上、博物館で見る仏像は、お寺のお堂で見る仏像と比べて、だいたい良く見えなかったんです。当時、奈良に行っても興福寺の国宝館にある阿修羅像は本などで見ていたイメージよりも全然魅力的ではなかった。だから本当は自然のまま、お堂のなかにある方がいいと思うんです。

それはなぜかというと、博物館にある仏像は信仰の対象ではなくて、あくまで彫刻だから。宗教体験とはまったく切り離された場所で展示されている仏像は、一つの彫刻としての研究対象です。だから図録には客観性を求めた写真が掲載されます。

国宝　阿修羅展
興福寺創建1300年を記念し、2009年、中金堂再建事業の一環として東京国立博物館にて開催された特別展。

阿修羅像
奈良時代に制作されたとされる三面六臂（3つの顔に6つの腕）の仏像。国宝。脱活乾漆造 彩色 奈良時代734（天平6）年 奈良 興福寺蔵。

興福寺
法相宗大本山の寺院。古都奈良の文化財の一部として世界遺産に登録。2010年、創建1300年を迎えた。

国宝館
興福寺の宝物収蔵庫。千手観音菩薩像をはじめ、興福寺の歴史を伝える絵画、仏像、工芸品が収蔵されている。阿修羅像などの乾漆八部衆像や木造阿弥陀如来像も国宝館にて拝観できる。

幅　こう言っては失礼かもしれませんが、レストランの格付け本に載る料理写真にしずる感がないのに近いですね（笑）。美味しい食の紹介ではなく、ランク付けがああいう種類の本の最優先事項ですから。

木下　はい（笑）。だけど、仏像をつくった人は、研究対象としてその仏像を彫っているわけではない。『国宝 阿修羅展』（２００９年）での阿修羅像であれば、つくった人がこう見せたいとか、こうあるべきとしたその像が、さらなる信仰につながっているわけです。

僕は照明が専門ですから、最後は一対一で阿修羅と向き合う。学生の前でもよく言うんです。これは「阿修羅展」のチーフ・キュレーターから教えていただいた、展示コンセプトを考えるうえでのキーワードだったのですが、１３００年の年月を生き抜いてきた実存主義の照明をしなさいって。

僕はお堂のなかで見るよりいいんじゃないかと思って、阿修羅が光でその存在が揺らいで見えるようなシーンをいくつもつくってみたんです

実存主義
産業革命以降、科学技術の発展や合理化によって人間が自己喪失をしたうえ、社会の歯車と化したことを批判し、その主体的な実存こそに本来的なあり方を求める思想。キルケゴール、ニーチェ、サルトル、ハイデッガー等の主張に代表される。

けど、やっぱり見せ物になっちゃうんです。そこに本物が立っているのに、どうも作り物の阿修羅に見えてしまって、それは照明でやってはいけないなと思いました。ゆるぎない光で、仏像だけの空間に静けさや品格を表現する。その一方で、光の移り変わりによって、変容を演出することが適切な展示作品ももちろんあります。

幅　なるほど、実存主義の照明ですか。確かに博物館や美術館といった公の場所で展示する場合には、元々それがあった場所性からは引き剥がされてしまいますよね。そういった場合、オリジナルがあった環境とは違うニュアンスを意図的に帯びさせる必要があるんでしょうか？　もっと言うなら、それはどのあたりまでコントロールできるのか？　例えば、阿修羅でも何でも、ショーアップしてヒーローみたいに見せようと思えば見せられるわけですよね。

木下　できますね。それは、要するに僕の表現として、僕のエゴが出ちゃいけないっていうギリギリのところを問われます。そこの踏みとどまり方が大切。僕が「博物館の」照明デザイナーでなかったなら、自らの表現として舞台照明みたいにすることも可能です。

だけど極端な話、「建築家がいるのに、照明デザイナーなんて必要なの?」って言われることもありますが(笑)、あくまでも建築や展示が主体で、その夜の姿、昼の姿を浮かび上がらせたり、そこに居る人にとって最も快適な空間をつくったりすることが僕の仕事なわけです。

幅 あくまでも媒介。そのスタンスは僕も同じです。本は人様が書いたもので、その著者に対する尊敬みたいなものが根底にはあります。その本を用い、書き手と読み手の結節点をつくるのが、自分の仕事です。

確かに自分がおもしろいと思ったものをほかの人にも知ってもらうのは、とかく承認不足のこのご時世においては嬉しいことです。だから、どうしてもわかりやすく親切に伝える方法や術を模索しがちなんですけど、実はそうすることで、その書籍が本来持っていた本質的な部分をぼんやりさせてしまったり、損なわせてしまってもいけないと思っています。木下さんの言う「エゴが出ちゃいけないギリギリのところ」のどこに線を引くべきなのか、難しさをいつも感じていますね。

木下　僕もこの10年、失敗ばかりです（笑）。とは言え、80点レベルでのプロのクオリティは保っているつもりだけど、「木下さんもうちょっと自分のやりたい照明やっていいんじゃないですか？」なんて言う人も現れたり、そうすると、もうちょっとやっちゃおうかな、なんて思ったり（笑）、逡巡していますね。

だけど、どうやってもね、たぶん僕は照明を扱うだけの「照明デザイナー」にはなれないって、もう自分でわかってしまった。ただし、そのための段取りというか、準備までのことはできるようになってきました。

幅　なるほど。照明だけじゃなくて、仏像を入れるガラスケースも、床や壁の素材も含めて、もっと空間に対して多角的に、ということでしょ

東京国立博物館本館

うか？　実際、そういうもののすべてが作品を見る目に関わってくるわけですよね。

木下　それは確かにそうですね。展覧会を一緒につくっていく人たちとのチームをどうつくれるかっていうことの意味が最近ようやくわかってきました。

それまでは、僕はやっぱり「照明だけ」って思っていましたけど、だけどケース屋さんはケースのことしか考えないとか、ディスプレイ屋さんはディスプレイのことしか考えないっていうことではなくて、それを束ねていく存在が必要ですよね。

幅　分業になればなるほど、それぞれの思惑を主張するようになって、照明のための照明になったり、什器のための什器になったり、建築のための建築になったり。そういうことって実は本の現場でも多いんです。どんな本を置くかということだけでなく、本棚の前のカーペットや、そこに置く椅子や座面の素材も含めて、空間全体に気を配る必要があると思っています。

状況との出会い方

幅　本の場合、たくさん読んでいる人が偉いとか、読みかけた本を途中でやめることは敗北だ、というような感覚が蔓延しています。本の読み方の自由がどんどんなくなって、本はこう読まなくてはいけない、という暗黙のルールに縛られている気がするんです。でも、僕は食事を選ぶみたいに、もう少し気軽に本を手に取ってもらいたい。肉を食べたい日もあれば、野菜を食べたい日もあって、今日は冷や奴で結構です、みたいな日も当然ある。気分に合わせて読みたい本を選んで、自分のなかで血肉化させていく情報こそが重要だと考えていて。

　そういうふうに本の読み方自体が少しずつ変わるといいなと僕は思っているんですけど、博物館の展示物について、本当はもっとこういうふ

木下さん、職場の本棚

うに見て欲しいとかって思ったことはありますか？

木下　僕は見せ方のプロたらなくちゃいけない。だけどお客さんに対しては、自由に見てね、っていう感じですね。

仏像がそこにあるべき姿、茶碗がそこにあるべき姿、それぞれの展示品が博物館にあるべき姿を僕が設計しているわけなんですけど、仏像なんてもともと博物館と関係ないし、茶碗だって、茶碗だけを取り出して博物館にある意味ってあんまりない。

幅　そうですね。茶碗の本来の機能は、「お茶を飲む器」ですもんね。

木下　博物館の展示物は、どうしてもその物がもともと持っている機能から切り離されてしまうんです。それに、博物館には見方がわからないものもたくさんあります。例えば、銅鐸の用途が何だったのか、学者に聞いても諸説あるんです。だから、銅鐸の見方ってわからない。そうい

東洋館での展示の様子

銅鐸
弥生時代に製造された釣鐘型の青銅器。近畿地方を中心に四国・中国・中部地方の各県で出土している。豊穣を祝う祭に使用したと推定されるが、詳細は判明していない。

うものが考古展示室にいっぱいあります。
だから学問としての見方、読み方がわからない。それでも美術館は、自由に見てねって言えちゃうんだけど、博物館は解説をつけなくちゃいけない。だけど僕は、博物館でも、まず自由に見てね、と考えています。
現代美術館の展示デザイナーたちは、アーティストとやりとりできるので、アーティスト自身が作品をどう見せたいか、展示空間をどうつくりたいかを聞くことができる。僕の場合は、生きてる作家とのやりとりって全くないので、ある意味勝手な解釈もできちゃうんですよね。阿修羅像をつくった人なんて、もちろん死んじゃってる。

幅 そうですね。

木下 だから、アーティストとインスタレーションをつくっていける展示デザイナーはうらやましいなと思うときがあります。

インスタレーション
1970年代以降主に欧米で誕生した、現代美術における表現手法の一つ。様々な素材を組み合わせ、展示する環境と有機的に関連づけたうえで、その空間全体を作品として提示する。

幅　ともすると答えが出てくる可能性があるからですよね。

木下　そうです。僕は学芸員とキャッチボールしながら空間をつくっていきますけど、現代アートの場合はアーティストとキャッチボールしながら空間を設計して、アーティストの可能性までをも引き出す。最近では、アーキテクト（建築・設計）とペアじゃないと、作品として成り立たないものもある。そうやって、美術館のあり方まで変えていくわけですからね。

だけど、僕の望みとしてはやっぱり、ぼーっとしにきて欲しいんです。本屋でもぼーっと見るじゃないですか？

幅　そうですね。ぼーっと本棚を眺めているときが一番幸せです。

でも実は、ぼーっと向き合った方が、見えてくるものってありますよね。銅鐸が何に使われていたかわからないし、今後もわかりえないんでしょうけど、長い時間をかけてゆっくりリラックスしながらそのものと

学芸員
キュレーター。博物館・美術館などで作品や資料の収集・保管・研究、展覧会の企画を行う。

対峙することで、感じることができる地平というか…。自分と銅鐸の対話がちゃんとなされていれば、いつか、わからないなりの自分への蓄積があると思う。本は本で、眼前に書き手はほとんどいない。つまり、答えが書いてあるものではないので、本と自分が向き合って、対話して、自分なりにかみ砕いていくしかないんだろうと。

木下　ジェームズ・タレルの作品だって、本当の意味でわかろうとするのは難しい。だけど1998年に世田谷美術館で開催された個展で本人に会って（1995年水戸芸術館で行われた日本初の個展の図録にサインをもらった）、コミュニケーションをとると、タレルの作品がなんとなくわかるようになるというか。

幅　完全にわからないのならば、勝手にわかるしかない。わかろうと願うしかない。そこが本屋であれ、博物館であれ、良い意味での勝手さと自由さをもって、その人が対象と向き合えるような環境をつくることに

ジェームズ・タレル
1943〜
現代美術家。知覚心理学をはじめとした自然科学の諸分野と美術史を学ぶ。普段は意識していない光の存在をあらためて認識させようとする空間を多数制作。

つきるのかな、って思います。

無意識に訴える

木下　無意識のどこかにひっかかるような、「仕掛け」と言ってしまってはいけないんですが、阿修羅展のときには、平成館に入った途端に阿修羅の情報は全部消えるようにしたんです。

幅　なるほど。意図的に。

木下　裏阿修羅展みたいなところにものすごい時間を費やしました。ディスプレイ業者さんといろいろ工夫して。それで、阿修羅が見える瞬間を最高に盛り上げようと。

普通は立ち止まらないようなところに立ち止まるようにして、阿修羅が最初に見えた瞬間に「ゾクっ」とするような仕掛け、わかりやすく言

平成館　考古展示室
東京国立博物館の展示室の一つ。考古遺物で旧石器時代から近世までの日本の歴史をたどることができる。

阿修羅展

うと阿修羅との遭遇ストーリーをつくりました。

幅　なるほど。少しずつ、少しずつ。

木下　書店でも探しているつもりのない本なのに、理由もわからないままに、ぱっとひっかかる瞬間ってあるじゃないですか？

幅　ありますね。著者もタイトルも知らないんだけど、何か呼ばれているような気がするとき。

木下　それはアマゾンの「お勧め本」とは全然違う、自分でも意識していないような遠い記憶と目の前の本が、身体的な感覚で結びついているからなのでしょうね。

博物館でも、名前も知らない仏像にぱっと目がとまって、写真を撮るとか。その瞬間が大事ですね。そういう空間をめざしたいなとは思っていますけどね。なかなか難しい。

幅 じゃあ、仏像の頭を一つ見せるにしても、考えて考えてパースをつくっても、置いてみると意外に……っていうことはあるんですか？

木下 ありますね。実際に展示スペースに置いてみたら、予想もしていなかった影が生まれて想定外の演出効果があるとか。

幅 木下さんが手掛けられた空間なり、展覧会での照明なり、今回のこれは伝わるんじゃないかな、とかそういう手応えみたいなものってあるものなんですか？

木下 あります。それは全体のバランスですね。これは僕の光じゃないっていうのがようやく最近わかってきた。このバランスは僕だったら絶対やらない、と

パース
完成予想図。

か。怖いのが、うちの母親がそれがわかるんですよね。「今度のは史青じゃないわね」とか（笑）。

幅　そういうお仕事をやっていたわけでもなくて？

木下　まったく。東博（東京国立博物館）で見たあの作品の照明は良いとか良くないとか、っていうのがわかってる。

幅　直感がするどいというか、獣的な感覚を持ち続けているというか。

木下　そういう意味での信頼感は母親には置いているんです。

幅　うちも母親を連れていって、「なんかおもしろいわね」とか言う書店や図書館は流行るんです。「ちょっと難しいわね」とか言われると、ダメなんです（笑）。だから、僕のスタンスとしては、僕よりはうちの母親が気持ちがよい空間と配架じゃないとダメだと思っていて。

木下　わかります。

幅　対象を詳しく知っている人が、その文脈をつくり手と共有したうえで、「いいね」「いいね」って言っているだけじゃなくて、暗黙のルールも何もかも通じない、容赦のない相手でさえ「なんか、いいかもしれない…」って立ち止まるぐらいの包容力とやわらかさがないと、伝わらないんじゃないかなって最近は思います。

特に本は、もともと好きな人は放っておいても読んでくれますからね。逆に僕は、「もうしばらく本は開いていません」という人が、一冊の本を手に取って、ページをめくる瞬間をどうやったらつくっていけるのか、という方にやりがいを感じています。

木下　それは非常に大事な感覚だと思いますね。

東京国立博物館
木下史青さんとの対話の後で

「空間」と「情報」の整理からものの伝達は始まる

木下史青さんは、博物館における「伝え方のプロ」でした。僕も、本の「伝え方」のプロでなくちゃならないと思っていますが、お話のなかでいくつもの共通項を見つけることができました。

ものを見せ、伝える仕事は大きく分けて2つの側面があると木下さんは自著[1]で書いています。一つは展示するものと、それを見る僕たちを取り巻く「空間」をデザインすること。もう一つは、展示されるものについての「情報」を伝えるためのデザインをすること。

「空間」をデザインするということは、博物館で言うなら建築や内装、什器、照明や家具計画について考えることです。本の現場でも同じようなものですが、そこに書架の選択なども加わります。また「情

1　木下史青『博物館へ行こう』岩波書店（２００７）

報」のデザインは博物館の作品横においてあるキャプションや解説パネルがそれにあたり、本の現場なら本棚のテーマを伝えるセグメントサインや一冊一冊の内容を細かく伝えるＰＯＰ[2]などがそれと同じ機能を持つものです。

それら２つは伝えたいものを伝えるうえで、必ず整えなければいけない車輪のようなものです。どちらを欠くこともなく両輪がきれいに回ってこそ、伝達という目的は達成できるはずです。

2 Point Of Purchaseの頭文字。売り場において、商品の価値を訴求するためにキャッチコピーなどを記した広告・宣伝用のツール。

「自由に見てね」の裏側にあるもの

いきなりですが、木下さんとの対談のなかで最もシンパシーを感じたのが「自由に見てね」というものを差し出す姿勢です。一見その態度は気軽なようでいて、「ものを見せる」という差し出す仕事の領分をとても意識した言葉だと思いました。

木下さんの「自由に見てね」という姿勢は、博物館という場所性に由来しています。阿修羅像であれ、茶碗であれ、博物館に展示されるということは、そのものが本来持つ機能から切り離されてしまっていいます。それどころか、それらの像が、器がどういう意図でつくられたのか？それすらもわからないものが多くあります。「銅鐸って何に使ったんだろう？」という話がありましたね。

もちろん、「わからなさ」に対して研究をし、説明する責務が博物館にはあります。しかしながら、かつて銅鐸をつくった方に話を聞くのは不可能です。結局、現代を生きる僕たちは、その銅鐸をじっと見つめながらその形や色や機能や美しさについて思いを巡らせるよりほかありません。

「ものを見せる」際には、つくるべき余白があると思っています。「自由に見てね」という差し出し方も、余白のつくり方の1種です。何かをある場所に置き、その意図を鑑賞者に理解してもらうことにおいて、100％その意図が伝わることはないと僕は思っています。つまり、差し出し手のメッセージが、受け手にそっくりそのまま完全にトレースされることはない。なぜなら、差し出し手と受け手は違う人間だからです。

伝達の精度は高ければ高いほどよいと思われがちですが、そうでもない領域も多々あるのではないかと僕は思っています。集合時間の伝達と、銅鐸の伝え方は違うということです。同じものをじっと見て、隣の誰かと全く違った感触を得る。それこそが、芸術や信仰など数字に置き換えられない価値が世の中に広がった推進力だと思います。そういったなかで、鑑賞者が対象を見る余白をしっかりつくってあげることが「伝え方のプロ」の仕事なのではないでしょうか？

僕は本棚に本を並べるとき、ＰＯＰという書籍の説明文を使うことがあります。けれど、場所によってはそれをつくりすぎないように気をつけてもいます。ＰＯＰが本の紹介の足掛かりとして優れているのは間違いないのですが、一方すべての本にそのＰＯＰがついていては、見る側の余白がなくなってしまいます。

僕は本の紹介を仕事にしていますが、僕と同じ本を同じように読んでもらいたいわけではありません。つまり、読後の感触は僕が得たそれとは全く違ったものであった方が健やかだと思っています。

ＰＯＰの量を調整し、受け手が自由に本と本の間を泳げること。その余白の調整を、本棚のユーザーによって変えていくことが僕の仕事では求められます。若く読書に慣れていない方が多い本棚では、ＰＯＰを多く作成し、しかし一つひとつの文字量を少なくします。一方、読み慣れた読者が多い場所では、ＰＯＰの総量を減らすだけでなく、何版目なのか？とか装幀家の名前など、気にする人は気にしているポイントを抽出するようにします。そうした、細やかな試みを積み重ねることで、受け手の本を手に取るモチベーション喚起ができると思っています。

また、そういう丁寧な仕事をしていると、僕の意図を超えた本棚の読み方をしてくれる方にも出会えます。「このタイトルの横にあのタイトルが並んでいたのはこういう意味ですか？」などとよく聞かれることがあるのですが、「ご名答！」と思うときもあれば、「なるほど、あれをこう受け取ってくれたのか……」と逆に感心させられることもありま す。素敵な勘違いというやつです。そして、そんな受け手の姿勢から僕は学ぶことも多いのです。

見る人の時間をいただく

余白あるものの差し出し方を試みる場合、重要なのは時間をどうつくり出すのか？ という点だと思っています。つまり、そのものと向き合い、いつの間にか時を過ごしてしまう環境づくりと言いましょうか。これだけ時間の奪い合いが激しい昨今では、一つの場所に留まり丁寧にものを見てくれるという余裕のある鑑賞者は決して多くありません。けれど、ある程度時間をかけて対峙しないと何かを感じることができない種類のものの鑑賞も確かにあります。

ものと対峙する時間について考えるとき、僕がいつも気にするのは鑑賞者の身体についてです。もっと踏み込んで言うなら、鑑賞者の体をどれほどリラックスさせているか？についてです。例えば、本棚の前の床材が硬めのPタイルなのか、カーペットなのか、木材なのかによっても、その場所に留まろうとする無意識裡のモチベーションは変化します。また、本棚の前に置く椅子の高さや座面の素材も、滞留時間の変化を生むことでしょう。風邪をひき寝ているときに、新しい本を読み進めようと決して思わないように、身体的な余裕がなければ精神的な余白も生まれません。身体がなるべく楽ちんな状態をつくり、長く留まっても悪くないと思わせるには、直感的に身体が気持ちがよい環境を整える必要があるのです。昨今の本屋では椅子だけでなく、ベンチやソファが置かれ、コーヒーなどを提供するカフェが併設してあるのも、自然な形で長い滞留を促す施策だと思います。

もちろん僕は建築家でも設計士でもないので、最終的には建築家や内装家といった空間のプロと相談しながら仕事を進めていくのですが、僕の事務所には床材や壁紙の素材サンプルが幾つも置いてあります。つまり、本を紹介する仕事だからといって、本のことだけに捕われていては届くものも届かないし、守備範囲外だと割り切って無頓着ではいられないと最近は特に感じています。様々な側面から伝わる可能性を高める工夫をし、読者となるかもしれない誰かの時間を少しずつ頂かないと伝えたいものの伝達はできないのです。

遭遇ストーリー

木下さんとの話でもう一つ印象深かった点は、阿修羅との「遭遇ストーリー」をものすごく綿密に計算していた点です。出会いの瞬間をうまく形作ることによって、「人が『ゾクッ』とする仕掛けになる」と木下さんは仰っていました。

彼はそれを書店に例えると、理由もわからないまま何かのタイトルにひっかかる瞬間であり、「意識していないような遠い記憶と目の前の本が、身体的な感覚で結びついている」状態と言います。

厳密に言えば「理由もないものに呼ばれること」に対して差し出し手が作為を働かせることはできません。けれど、その出会いの可能性を高めるための試みを続けることはできます。阿修羅像の展示の場合、対話のなかにもあったように平成館へ足を踏み入れた途端に阿修羅像の情報をすべて消すようにし、また普通は立ち止まらないような場所に人を立ち止まらせ、阿修羅が見える瞬間への盛り上がりを重視した動線づくりが徹底されていたと僕は思います。

人が何かに出会うまでの道筋を「遭遇ストーリー」と呼ぶなら、その物語の起承転結までちゃんと演出しきることが重要です。出会いの瞬間である「結」ばかりに注意を向けてしまいがちですが、「起承転」の部分にこそ伝達のヒントが隠れているように思います。博物館で人が作品を見る場面、本屋の棚で誰かが一冊の本に出会う瞬間。一連の流れのなかで、人とものが出会う一点について考えるとき、その瞬間へと人を導く「起承転」の長い動線があってこそということを忘れてはいけません。

一方、受け手としても「遭遇ストーリー」を形づくることはできると思います。例えば、僕は東京・渋谷に長らく店を構えていたMARUZEN&ジュンク堂書店（残念ながら2023年1月に閉店）によく行っていたのですが、日によってお店に入る道筋を変えるようにしていました。駐車場から書店までは2箇所のエレベーターで繋がっているのですが、北のエレベーターは文庫本や文芸書コーナーの近くに、東のエレベーターは雑誌や新刊本のコーナーに辿り着きます。とても大きな書店ですから全体をくまなく見回ることは難しいので、やはり最初に足を踏み入れた近辺から本の物色が始まります。本への動線が一つだと何となく見回る箇所も同じになってしまうのですが、2つのエレベーターに加え、エスカレーターでの動線も含めると「遭遇ストーリー」における3つの「起承転」がつくられていることになります。つまり、新しい出会いとの遭遇は、日々の何気ない心がけからでも誘発することができるのだと僕は思います。

気配をデザインする

木下さんと話をしていると、彼が展示デザインのなかでも照明の専門家だからこそ出てくる細やかな視点が多々あることに気づきました。照明というのは、なかなか地味で大変な仕事だということを木下さんは仰っていましたが、光がなければものは見えません。つまり、光がなくては視覚的な伝達というものはできないということです。

博物館では様々な人工照明を使っていますが、ただ照らせばいいというものでは決してないようです。演出過剰な照明でもいけないし、1000ルクスの光を当て続ければ、作品が傷んでしまいます。照明用ランプの性能を示す数値で「演色性」というものがあるのですが、自然光を当てたものの色の再現性を判断するその数値に気をつけながら、光を制御し「気配をデザイン」しなくてはいけないと彼は言います。

例えば2006年に東京国立博物館で開催された「プライスコレクション『若冲と江戸絵画』展」の会場では、自然光のような光で作品を展示する試みを木下さんはしました。

伊藤若冲ブームの先駆けとなるこの展覧会準備のため、アメリカのコレクター、ジョー・プライス氏[3]の自宅を訪れたとき、木下さんは窓のブラインドを調整し、絵に当たる自然光をゆっくり調節しながら見る若冲作品に驚いたそうです。金箔の上に貼られた紙に描かれた絵や金の絵の具を用いた作品は光量を落として見た方が美しい輝きを発することを知り、一方で銀箔の絵は強い光を与えた方がよいということをそこで体験したと語っています。

もちろん博物館では完全に自然光で鑑賞してもらうことはできません。が、あの日、プライス氏の家で見た環境に近い何種類もの光を考案し、彼は実験を重ねたと言います。それらは「白く包まれるような昼の光」や「少しオレンジ色に染まる夕日の光」、「急に曇って暗くなり、また雲の切れ間から光が差してくるような光」などと呼ばれる、実に多様

3　京都嵯峨芸術大学芸術研究科客員教授。伊藤若冲を中心とした江戸時代の日本画コレクター。日本、アメリカで開催された「プライスコレクション展」は空前の人気と高い評価を得た。2006年、夫人とともに国際交流基金賞を受賞。

な照明の計画でした。

光を使う技術と感覚を研ぎ澄ませることで、木下さんは「気配をデザイン」しています。そして、その気配こそが、「この本屋、なんかいいものありそう」とか「このレストラン、美味しそう」といった理論の前にやってくる人間の直感に訴えかけるものだと僕は思います。

数値化が難しい「気配のデザイン」ですが、目標とする仕上がり具合を定め、素材や光の吟味を徹底し、執拗にものごとにこだわる愚直さがないと達成できない「気配」があるのは間違いないと思います。神は細部に宿るという言葉は決して大袈裟ではないと木下さんの照明計画の話を聞いて思いました。

撮影したくなる風景はＳＮＳのためだけではなく

木下さんは自著『博物館へ行こう』のなかで、「記念撮影したくなる展示風景」というキーワードも書いています。確かにＳＮＳが何よりもの伝播力を持つこの時代、カメラを向けたくなるものをつくることはとても重要です。しかし、木下さんは、ぱちりと撮った写真は自身が対象となるものを「みつめた瞬間の気持ち」を思い出すためのものだと書いており、その点が僕にはより大切だと思えました。

僕も美術館や博物館を訪れたときは、可能な場所であれば何枚も写真を撮ります。確かに有名な作品の横に立ち、にこりとその絵を眼前にした「証拠写真」を撮りたくなる気持ちもわかります。けれど、木下さんが言う「記念撮影」とは、そうした自身が写る写真ではないようです。彼が言うそれは、作品そのものを撮った写真のこと。そして、それらの写真はそこに置かれている一枚の絵や一つの器といったオブジェに加えて、作品周辺にある空気やアトモスフィアを含めて写真に収めているのだと僕は考えます。

少し話題を読書に振りますが、本を読んだときに最初の一文字から最後の一文字までを覚えている人は多分存在しないと思います。全部脳内に入るなら、紙に定着させる意味がなくなってしまいますしね。人は

「読書」とか「読了」という言葉を何となく使っていますが、何をもって「本を読む」行為を指し、何をもって「本を読み終える」ことを指すのかも実は曖昧です。

そんなとき、僕がよく言うのは読んだすべてを覚えていることが読書の本義なのではなく、そこに書いてあった一つのアイデアや一つの文章、一つの言葉や一枚の写真が読み手のなかに深く刺さり、その人のどこかが駆動することが大切だということです。「朝10分早く起きる気になった」とか「母に電話しようと思った」とか「今日の夕飯レシピを思いついた！」など、どんな作用であっても構わないと思います。世の中に存在する本の種類や深度はまちまちですが、どんな情報であったとしても瑣末な日常に働きかける道具であるべきだと僕は思っています。もちろん、2、3時間異世界に行ける愉楽が読書にあることも知っています。けれど、その数時間の旅のあと、少し前の自分と必ずどこかが違っていることに自覚的でいたいし、読書体験によって変容していく自分に対して寛容でいたいのです。

翻って、博物館での作品鑑賞もそれに似ていると思います。「ああ、綺麗な絵だねぇ」、「立派な青磁だねぇ」と感嘆する体験も素敵です。が、そこで揺さぶられた自分の琴線が、自身の心や体のどこをどう動かしたのか？に自覚的でいられたら、ものの受け取り方がより上手になったと言える気がします。

博物館に収蔵されている作品は商業的なパッケージである本に比べて貴重で高価なものが多いので、おいそれと同じものを持ち帰るわけにはいきません。けれど、自身のどこかを揺さぶった作品の写真を撮り、のちにその一枚を見返したときに、作品が自らにどう刺さったのかを思い出すことができます。つまり、木下さんが言う「記念写真」というのは、自身と作品の間に結び目ができたことを記念する写真という意味なのではないでしょうか？

そして、ぐっときた自身の感覚を鮮明に保とうとしたときに、作品の周辺に写るものは重要です。画像検索やミュージアムショップで売られている作品のポストカードでは肉薄できない自身の実体験を呼び覚ますのに、空間に差し込んでいた光や床や壁の色、作品周辺にあった空気の質感こそが鑑賞体験のドアを再度ひらく鍵になると僕は思います。

周辺環境と結びついた作品鑑賞を可能にするものこそが「作品と鑑賞する人びとがひとつの景色になっているような展示室のデザイン」であると木下さんは自著で書いています。それは、本で言うなら書き手の言霊が読み手のどこかに刺さり作用している状態とも言えるでしょう。博物館であろうと、書店や図書館であろうと、自身と未知のものの結び目や距離について考えるきっかけを受け手に手渡せるように、「差し出し方」について考え続けていきたいと思った木下さんとの対話でした。

【参考文献】

新潮社編『とんぼの本 こんなに面白い東京国立博物館』新潮社（2005）
東京国立博物館編『ミュージアムヒストリー 東京国立博物館』吉川弘文館（2022）
佐藤康宏『もっと知りたい伊藤若冲――生涯と作品（改訂版）』東京美術（2011）

2時間目

動物園での差し出し方

——日本パンダ保護協会会長　土居利光さんの場合

動物園の見方

幅　今日はお時間をいただき、ありがとうございます。

本の「差し出し方」について考えるとき、なぜだか動物園の方に話を聞いてみたいと思ったのです。と言うのも、僕が動物園が大好きで。しかも、あの場所では、本当に一頭一頭の動物の魅力がきちんと老若男女に伝わるように設計されている。そのわかりやすさと公平さは、例えば公共図書館における本の伝え方のヒントになるのではないかと考えていた次第です。

さて、動物園での展示方法と言えば、まず思いつくのが行動展示です。以前、北海道の旭山動物園の行動展示がマスコミで報道されたことで、全国から人が集まるフィーバー状態になりました。展示の手法が人を動かす、ということがあるんだと実感しました。

今日は、毎年400万人近くもの来園者数を誇る上野動物園での展示

土居利光

恩賜上野動物園元園長（14代目）。現在は、日本パンダ保護協会会長。1951年、東京都生まれ。千葉大学園芸学部卒業後、東京都環境局生態系保全担当課長、同自然公園課長、多摩動物公園園長等を経て2011年から2017年まで上野動物園園長を務める。2010年、首都大学東京（現、東京都立大学）客員教授に就任（兼務）。専門は、造園学、自然保護政策、動物園学。著書に『造園の事典』（共著／朝倉書店）、『大人のための動物園ガイド』（共著／養賢堂）、『動物園学入門』（共著／朝倉書店）他がある。

方法について、お話をうかがえればと思い、上野動物園園長である土居※さんにお時間をいただいた次第です。

はじめに、上野動物園における動物の展示方法の変遷をお聞きしたいなと思います。

土居　上野動物園は、農商務省博物局の附属施設として、1882（明治15）年に開園した日本で最も歴史のある動物園です。博物館の附属でできたということは、簡単に言うと当時は展示方法も似ているということなんです。

博物館の展示は生き物の展示ではありませんから、大雑把に言ってしまうと、どうやって分類するかという話になります。ですから、かつての動物園では「ネコ科」だったら、ライオン、トラ、ヒョウ、ジャガー……というように学名によって分類したり、動物が生息している地域ごとに集めて展示したりしていました。さらに言えば、数多く展示することが大前提のルールでした。

※所属は取材当時。

行動展示が言われるようになったのは、ごくごく最近の話です。例えば今、動物園に行ったとき、柵に囲まれた檻のなかで動物たちが展示されていたとしたら、どう思われますか？

幅　現在なら、「かわいそう…」って思うかもしれません。

土居　そうですよね。でも、昔の人たちはそんなこと思いませんでした。これは何を意味しているのかというと、おそらくみなさんは今、動物園に動物を見に来ているわけではないんです。人間が動物をどういうふうに思っているかを見ているのに等しい。

ですから、我々は動物園として、「この動物はこういうふうに見るんですよ」という気持ちを乗せて展示していく必要があります。本来、動物園は「○○は、こういう生き物です」「○○には、こういう習性があります」「だから、こういう視点で見てくださいね」という刷り込みのための教育の場でもある、と私は思っています。

行動展示
「走る・飛ぶ・泳ぐ・食べる」といった動物本来の「種」に由来した動きを引き出し、観賞者が動物の生態やそれに伴う能力を観察できるように工夫した展示。北海道旭川市旭山動物園での取り組みをきっかけに話題に。

幅　なるほど、動物の「差し出し方」そのものがメッセージになるべきということですね。

土居　例えばゴリラのオスとメスが一緒に展示されていたとして、「あ、仲良さそうでいいね」で終わっていたとすると、実はそれは見方を間違えているんです。「ゴリラは群れで生活する動物なんだ」ということに気づいて欲しい。

ですから、上野動物園では群れで生活する動物は群れで、大きい動物は広いところで飼うということを基本的な考え方にしていますし、日本の動物園、水族館全体を見渡してみても、なるべく彼らが心地良いと感じる生活スタイルや環境をつくるような展示に変わってきています。

とは言え、動物たちが住んでいる自然環境を動物園のなかにそのまま再現できるわけではありません。擬似的な場所になったとしても、動物の特徴的な習性が出やすい環境をつくるのがいいと思います。例えば霊長類だとしたら、コンクリート張りの壁の一部に穴をあけて、その穴に

指を引っかけて登れるようにしたり、引っ張ったら綱が出てくるような仕掛けになっていたり、少し工夫が必要だと思います。

要するに、動物たちを飽きさせない。動物たちが野生で暮らしているときに使う能力を、うまく引き出す環境をつくる。そういう環境をつくっていくことが大事なことだというふうに、私は思います。

幅 一昔前の動物園では、動物は檻のなかにいて、柵の横には動物の説明があって……、というのが当たり前でしたよね。これは人によるかもしれませんが、僕の場合は説明を読みながら、ふむふむと感心し、その後で動物を見る、という流れでしたが、最近の動物園では、動物の行動に重きを置いた展示がされていることもあって、まずは動物の動きを見て「はっ」と感じ、それから説明を読んで「なるほど」と思う。どんどん順番が逆になっています。

さきほど、土居さんもおっしゃっていたように、動物園はもちろん教育の場でもあると思いますが、最初から学ばせようとすると難しいと思

ゴリラの動物舎

うんです。本も「読め、読め」と胸元に押しつけてもなかなか読んではくれません。「読め、読め」ではなくて、気がついたら知らない間に読んでいた、という状況をどうやったらつくれるのか、それが僕のなかでテーマなんです。

「この動物は○○です」「あの動物は○○です」と説明される前に、「わっ、なんだろう？　この動物」という疑問を携えて、グッと入り込んで見ていたら、実はそれが動物を理解するための最初の一歩になっていたというのが理想ですよね。

人が動物を見ている時間は○分？

幅　僕は愛知の出身で、上京してから25年以上がたつのですが、上野動物園は本当に足繁く通ってきた場所なんです。そんな定点観測者から見ても、この間に、動物の見せ方そのものもどんどん変化しているなという印象があります。

ネット社会化やリモートワークが進んで、極端に言えば部屋から一歩も出なくても生活できてしまう時代だからこそ、ある場所に身体を運んで、直接感じて、自分のなかに血肉化していく体験の価値というものが増したとも思うんです。

動物園に足を運んで、実際の動物を目の当たりにしたときの感覚、これはほかには代え難いものがありますね。

土居 そうだと思いますよ。せっかく動物園に来ても、動物が寝ていると寂しい、つまらないって思われる方もいらっしゃるかもしれませんけど、動物が一日中動いていているというのは、本来の生態としては異常なことですからね。

幅 そうですね、危険な感じがします（笑）。

土居 ところで、動物園で一人の人が一つの個体を見ている時間ってどのぐらいだと思いますか?

幅　どうなんでしょう?　昔に比べて長くなっている気もしますが……。

土居　実は、2分間見ている人、まずいません。カメラやビデオを持っている場合は少し長くなるんですけど、基本的にほとんど見てないんですよ。ぱっと見て、「あ、キリンがいた」「次!」というのが普通です。

本当は、もう少しゆっくり見てもらいたいんです。長く観察することで、見えてくる動物の習性がありますからね。それでも、ハシビロコウなんかは「動かない」と言われている鳥ですから、「本当に動かないのかな?」という感じで、結構長い間見ている人はいます。とは言え「やっぱり動かないや…」となって、行ってしまう。コアラも同じです。1日のうち18時間~20時間が睡眠時間ですからね、開園中はほとんど寝ています。でも本当は、動かないって思うんだったら、「なんでだ

ハシビロコウ
ペリカン目ハシビロコウ科の鳥類の一種。ゆったりとした動きで、彫像のように動きを止めるため、「動かない鳥」として知られている。獲物を狙うときは数時間にわたってほとんど動かない。アフリカ大陸、南スーダンからザンビアにかけての湿地に生息。

Wikimedia commonsより

ろう？」って思わなくちゃいけない。

幅　動くことが当然だと思い込むと、「動かない」という動物の生態を見落としてしまいますからね。

土居　そうなんですよ。動かないことには、意味があるんです。

ハシビロコウの場合はハイギョやナマズみたいな大きな魚を補食しますから、沼地でじっと獲物を狙うわけです。水面にぶくぶくっと泡が出てきたところを、「今だっ！」と穫りにいく。だからじっとしているわけです。むやみやたらに動いたら、魚が気づいて逃げてしまう。

動物園は実物に触れて、動物たちの不思議な生態に疑問を持ってもらえる良い機会ですから、そこに気づけるような仕掛けを用意しておかないといけない。すべてを解説すればいいとは思いませんが、考えるためのきっかけづくりは常にやるようにしないといけません。

幅　僕も例えば図書館について計画するとき、どうやったら「答え」というより「疑問」について立ち止まってもらえるかを考えています。それは、フックというか、ヒントを散りばめて点在させるということですか？

土居　そうですね。それがこれからの動物園の課題ですね。

幅　確かにコアラのケージの前にすごく座り心地のいい椅子が一個置いてあるだけで、「長期戦を覚悟してください」という動物園側のメッセージを感じて、動物の見方が変わるかもしれませんよね。ほとんど動かないハシビロコウの檻の前には、靴を脱いであがる畳があってもいいはず。枯山水の庭を鑑賞するように、動物を見る感じというか……。

土居　動物を見ることが楽しいとか、見ることで新しい発見があるんだ、というふうに気づかせるのが動物園の務めです。臭いがくさいと言

長期戦のためのイス（作画　筆者）

う人がいるかもしれませんが、「くさい」ということを感じて、「いやだ」と思うのも発見です。じゃあ、なんで自分がいやだと思うのかを考えればいいわけです。

幅　そうですね。それでこそ、リアリティですよね。実感すること程、自分を納得させる術はありません。

土居　動物園に来て、とにかく疑問に感じてもらうのが第一だと思います。

「なんでコアラはいつも寝ているのかな?」とか「なんでレッサーパンダは木に登るのかな?」とか、疑問に思うことがあったら自分で考えてもらった方がいい。園内に掲示を設けたり、パンフレットを配布したり、それがおもてなしなんだ、サービスなんだという考え方もあるのかもしれませんけど、自分で考える前に知ってしまうと、そこから先に進めません。

幅　本の世界でも、何かしらのアンサーを求めて読む人が、すごく増えていると思います。本は本来、遅効性の道具のはずですが、書店に行くと「この本を読んだら5キロ痩せます」というような即効性を訴求する本も目立ちますし、１５００円の本を2時間かけて読んだら、その分のゲインを得なければいけないと切迫してしまう人も多い。

けれど僕が読みごたえを感じる本は、読んでいる途中から次々と発見と疑問の連鎖が起こる本です。個人的には、それこそが読書の楽しみの本質だと思うんですよね。

答えが出ない状況や「わからない」ということが楽しいとか、おもしろいとか、それがストレスどころか、ワクワクすると思う状況って、心にゆとりがあるときにしか訪れないと思うのですが、そちらの方に心を動かそうと思ったら、どうすればよいとお考えですか？

土居　実物に触れて体感するということは大事なことです。体験は実感を行動に移すための人間の原点だと思いますよ。

例えば、地球温暖化でホッキョクグマの生活環境がこんなに破壊されています…という映像を見て、「ホッキョクグマ、かわいそう」と思う人はいるかもしれませんが、それで「寄付金をください、ホッキョクグマが死にそうです」って言われても、普通は寄付金出そうとは思えない。映像だけで行動に移せる人はごく僅かです。

そうではなくて、実際に上野動物園にいるホッキョクグマのデアを見ている人に対して、例えば「いま、デアが病気なんです」とか、「デアの仲間がこんな状況なんです」という話をすれば、「あ、そうか」って実感して寄付金を出してくれる人が出てくるかもしれない。動物園は人間の麻痺した感覚を活性化させる場所でもあるんです。

幅　ということは、図書館や書店といったリアルな紙束の場所も、スマートフォンを眺め過ぎて朦朧とした部分をリセットしてニュートラルにしてくれるかもしれませんね。データと実態の差異という意味で。

デア
2012年より展示されているホッキョクグマ（メス）。2008年、イタリアのファザーノ・サファリ生まれ。

ベストセラーとパンダ

幅　ここ上野動物園は実に来場者数の多い動物園です。ここだからこそ来園した人の流れをどう形造っていこうかと考えていらっしゃることがあれば教えてください。

土居　今後※、大きく変えるのはパンダ舎の位置です。現在、表門を入ってすぐのところにパンダ舎がありますが、下に地下鉄が通っていることもあって、音も気になりますし、少し狭いので、西園の方に移すことが決まっています。大きい動物には広さが必要ですからね。木に登れるとか、丘みたいな場所を登れるようにするとか、パンダの動きを立体的に見られるように工夫しなくちゃいけないなと思っています。

※取材当時。2020年9月、新たに整備された飼育施設「パンダのもり」が公開されている。

幅　現在の場所から橋を渡って、正門から遠く離れた西園にするわけですね。かなり大きな変化だと思います。

「上野動物園＝パンダ」というのは、一種のアイコンですよね。周辺の商業地域にもすごく大きな影響をもたらしている。そこまでのアイコンに育っているのであれば、どんなに動線から遠くに持ってきても、人は見に来るし、むしろ園内の回遊率は高まるのかもしれません。

実は本屋をつくるときもそうなんですけど、「絶対に売れるもの」をどこに置くのか？ということは念入りに考えますね。例えば、かつて『ハリー・ポッター』シリーズが大人気だった頃、最新刊をどこに置いたかというと、エントランス入ってすぐのところに、どこからでも視界に入るぐらいに積み上げたんです。けれど発売から数週間たつと、衝動買いのお客さんから、目的買いのお客さんに移行します。つまり、ベストセラーをお店の奥に持っていけば、たどり着くまでに店内を回遊してもらい、ほかの本に出くわすタイミングをつくることができるんです。今のお話を聞いていたら、それを思い出しました。もちろんハ

上野動物園のアイコン的存在、パンダ

リー・ポッターとパンダは違いますが（笑）。

「どうしても見たい！」というものが、正面玄関から離れたところにあったとしても、逆に新しい動線ができて、普段通らない場所、見ない動物など、お目当ての動物を待っている間にほかのものも見てもらえる機会が増えるかもしれない。パンダ舎は頻繁に動かせるものではありませんが、僕の書店員時代は、天気や時刻によっても本の場所を移動させるなど、多くのトライ＆エラーを繰り返しながら、届けたいものの動線を考えてきた気がします。

大人のための動物園

土居　講演会で話をするときによく聞くんですよ。「最近いつ動物園にいらっしゃいましたか？」って。そうすると、たいがいの人が…、なんて言うと思いますか？

幅　「子どもと…」ですか？

土居　そうなんです。「子どもが大きくなっちゃったから、しばらく来ていない」とか「孫が行かないからなぁ…」っておっしゃいます。「それ、どういう意味かわかりますか？ご自身が動物園をどういう場所として捉えていると思いますか？」ってうかがいます。

幅　「動物園＝子どもと行くレクリエーション施設」という捉え方ですか？

土居　そうなんです。知らず知らずのうちに、頭のなかでそういう考え方が固定化してしまっている人が多いんですね。ですから、今度は違う目で動物園にいらっしゃったらどうですか？ってお伝えしているんです。

私は、「大人のための動物園」ってよく言っているんですよ。動物園

は子どもと一緒に来るためだけの場所ではないはずです。

幅　僕はシンプルに動物園という場所性も好きなのですが、確かに、動物を見る眼は子どもの頃と大人になった今では、ずいぶん変わった気がします。動物の生態だったり、フォルムのおもしろさ、その文化的な意味とか、本当は大人だからこそ味わえる動物園の側面があると思います。

僕は日高敏隆さんの本がすごく好きなんですが、彼はチョウでも犬でも動物の生態や行動を凝視しつつ、最後は人間について考えるところに行き着く。動物についての考察が最終的に自分に跳ね返ってくる。そういう彼の著作との出会い、あるいは洋画家の熊谷守一さんが描いた猫の絵や、蟻の絵との出会いがありました。

子どもから大人になりかけたぐらいの年齢で、日高さんの本や熊谷さんの絵など、動物と自分を多元的に結んでくれる何かに出会えるのかによって、その後の動物園や水族館への親和性が変わってくる気がします。

日高敏隆
1930〜2009
動物行動学者。理学博士。京都大学名誉教授。日本に動物行動学を最初に紹介した研究者の一人。著書に『チョウはなぜ飛ぶか』（岩波書店）、訳書にリチャード・ドーキンス『利己的な遺伝子』（紀伊國屋書店）等がある。

熊谷守一
1880〜1977
画家。二科展に出品を続け、「画壇の仙人」と呼ばれた。東京美術学校（現・東京藝大）を首席で卒業するも、職業人としての画家になろうとはしなかった。平面的で単純明快な色使いと輪郭線が特徴的で、守一様式と称される。晩年は、花や猫、虫など身近な対象を好んで描いた。

土居　一般的な動物園のイメージをどうやったら変えられるのかがこれからの課題ですね。そのためには、大人が来ても楽しめる動物園づくりをしなくてはいけませんし、そういう見せ方、そういうはたらきかけを常にやっていく。

幅　それは公共図書館でも全く同じです。人の頭のなかに植え付けられているイメージをどう変えていくのか？　ちなみに動物園は大人が一人で来て、思索に耽るというと格好つけすぎかもしれませんけど、考え事をするにはすごくいい場所なんじゃないかと個人的には思います。不思議に孤独との距離が気持ちいい場所だという気がするんですよ。本を読んで、何かをテキストに投げ掛けても、基本的にアンサーは親切に返ってきません。文字の印刷された紙であれ、Ｅペーパーであれ、寡黙なものです。けれど、何度も読み重ね、ずっと考えをこねていると、あるときに何か聞こえる気がする。目の前にはいない著者や文章が、自分の内側の何かと呼応しているというか…。同じように、動物たちも決して人の言葉を返してはくれませんが、彼らをずっと眺めていると（確かにそこに生きている生物として）、何か自分のあるパートに語りかけてくれるところがあると思うのです。

今度、一人でまた動物園に来てみようと思います。今日はお忙しいなか、どうもありがとうございました。

土居　ありがとうございました。

上野動物園元園長（14代目）・日本パンダ保護協会会長
土居利光さんとの対話の後で

「差し出し手」、「受け手」、「もの」
——3つの関係性が変われば伝達方法も変わる

動物が野生で暮らしているときに使う能力をうまく引き出す「行動展示」など、動物園という仕組みからも、伝えたいものの「差し出し方」を学ぶことができると思いました。

まずは、「行動展示」に至るまでの、動物園の展示方法をものすごく簡単に振り返ってみます。そもそも人は様々な形で動物と関わってきました。食料や医療薬など「利用対象」としての動物だけでなく、「宗教や呪術の対象」として、そして「愛玩の対象」として、長いあいだ動物と関わってきています。例えば、中国やエジプトには紀元前数世紀頃の大規模な動物飼育場が残っていたという文献があるようです。これは、「利用対象」として繁殖させられていたケースのようですね。

一方、8世紀から12世紀にかけての中世ヨーロッパでは、遠征先で捕獲した珍しい動物をエキゾチックの象徴として見世物にしていたようです。強行軍による出兵を自国民に肯定させる意味でも、戦利品の公開は必要だったわけです。また、中世末からルネサンス期は、異国産のネコ科動物、なかでもライオンなどの「猛獣」と呼ばれる動物を手の内に置き、権力の証として機能させていたとも言われています。このあたりから、「動物を見せる」ということに、何か特別な意味を付加するようになってきました。見せる側（差し出し手）の思惑、受け手の捉え方、その両者の視点が動物を別の存在にしていくわけです。

やがて、近代の幕開けとともに現在の動物園の原型ができあがります。1828年にロンドン動物学協会が設立したロンドン動物園は、近代動物園の第1号と呼ばれていますが、自然科学の発展に伴った新しい考え方が人と動物の関係を一変させました。それは、一言でいうと「人と動物は類縁関係である」という事実。つまりそれまで、「神のつくりし人間が、支配対象である動物を見せる場所」とされてきた動物園が、ダーウィンの記した『種の起源』、並びに比較生理学の発達によって、「人の仲間を見せ、人間について考える場所」に移行するという、大きな転換期を迎えたわけです。

このマインドシフトによって、動物展示の方法も大きく変化します。以前は逃げ出さないように檻に入れ、鑑賞者に危害を加えないことが最優先だったのに対し、人に近い存在（としての動物）がひどい扱いを受けていることに鑑賞者は敏感になりました。そして、「監禁」というイメージを鑑賞者に与えることのない展示方法の模索が始まったのです。最初はドイツ・ハンブルク市にあるハーゲンベック動物園だったそうです。１９０７年に実現した世界初の「パノラマ展示[1]」は深い堀を用いることで、動物が外に逃げ出すことを防ぎ、そして動物展示から檻の存在を消し去りました。イギリスの風景式庭園の手法を動物園に応用したこの動物の差し出し方は、以後「ハーゲンベック方式」として根づき、その流れは上野動物園のサル山にまで引き継がれているのです。

1　無柵放養式展示とも言う。柵や檻の代わりに堀で動物と鑑賞者を隔てる展示方法。動物たちを間近に感じられる。

その後、動物園はコンクリートと鉄を多用した近代建築様式が多用されるようになったり、20世紀後半になると気候帯の特徴ごとに生息する動物を展示する「バイオーム展示」が広がったりと、その展示方法は時代に呼応した形で様々な進化を遂げます…。

と、ずっと動物園の来歴を語るのも楽しいのですが、この本の骨子は、ものの「差し出し方」です。そして、ここでまず確認したいことは、動物を「見せる人」、「見る人」、そして「動物」との関係が変化するに従って、効果的な伝達方法が変わってくるということです。

僕はいつも「書き手」と「読み手」と「本」の関係を考えていますが、それも日々変容してゆくものです。例えば、車メーカーにお勤めの方であれば、「メーカー」と「ドライバー」と「車」の関係の移ろいを感じていることでしょう。

届けたいものを届けるとき、「差し出し手」、「受け手」、「もの」、という3つの関係性が変われば、伝達方法も変わるということをまず念頭に置くこと。そして、その風向きの微妙な変化に敏感でいることが、「差し出し方」の第一歩だと僕は思います。自分が伝えたいもの、届けたいものは、その受け手にとって「いま」どんな価値を持っているのか？　それを推し量ることが重要です。

インタビューのなかで、土居さんがおっしゃった「動物園とは、『動物を見に来る』のではなく、『人が動物をどう見ているのか？』を考える場所」という言葉の真意は、こんな三者の関係性を示唆するものだったのだと思います。

「自然に伝わる」という理想形

動物園での展示から、伝えたいものの「差し出し方」を学ぶ話を続けていきましょう。先ほどは、動物と人間の関係性が変化したことによって、動物園での動物の伝え方をも変わってきたという話をしました。次は動物のことをより深く伝えるためのメソッドを、もう少し追いかけてみることにします。

柵や檻をなくし、動物がいる風景も含めて鑑賞者が味わえる「パノラマ展示」は、やがて個々の動物の習性や能力と呼応した環境づくりへとつながっていきます。これが、今の時代の「行動展示」と呼ばれる動物の「差し出し方」の基本になります。動物がただ居ればよいのではなく、その動物が最も彼らしく生活できるような環境を整えるわけです。土居さんに伺った上野動物園の話ならば、コンクリートの壁の一部に穴を開け、指を引っ掛けて霊長類が登りやすくするなどの工夫のことですね。

行動展示も細かく分けると、「ランドスケープイマージョン（生息地再現展示）」と呼ばれる、「動物を見る」というより、その「動物の生活環境に来園者が入り込んだ印象を持たせる」展示や、「行動エンジニアリング」という動物が元来持っている能力を積極的に誘発する仕組みなど、細かく枝分かれするようです[2]が、最も大事なことは、伝達したい

2　おもしろいことに、こうした体感型展示の思い出を子どもたちに描かせると、周辺環境と動物を一緒に描く子が多いそうです。

動物の情報がどう自然に鑑賞者へ伝わるか？　という一点だと思います。つまり、「この檻では食肉類の捕食行動を見せたいから、こういう装置を使っています！」という見せる側（差し出し手）の意図が前面に押し出されるのではなく、自然に鑑賞者が捕食行動を見ることができる状態をどうつくることができるのか？　ということです。

本を手に取ってもらう環境をつくるときも、「読んで、読んで！」という差し出し手の想いが、受け手にとってのプレッシャーになってはいけないといつも考えています。そもそも「読め」と言われ、無理やり読み通したものが血肉化することもほとんどありませんよね。やはり、読書であろうが動物の鑑賞であろうが、受け手が自発的であることが大切です。そして、繰り返しになりますが、僕は「気がつけば、自発的に読んでいた」という本の差し出し方が、最も理想的な本の伝え方だと思っています。

ここからは、東京ミッドタウン[3]という商業施設の屋外芝生広場で

3　2007年3月に開業した六本木エリアの大規模複合施設。オフィスやホテル、レストラン、美術館など、様々な施設から構成される。

パークライブラリーでピクニックバスケットに並んだ本たち

行った「パークライブラリー」の話をさせてください。2009年から2017年にかけて、ゴールデンウィークに本のイベントをしていたのですが、「ライブラリー」と銘打たれているものの厳めしい書架があるわけではありません。ピクニックバスケットに本を3冊と敷物を入れ、無料でお客さんに貸し出し、ピクニックがてら読書を促すサービスが「パークライブラリー」です。商業施設にとってはお客さんの滞留時間を長くするという意味を持ちますし、僕らBACHにとっては知らない本を誰かが手に取る機会をつくることができます。

このバスケットには、「次の旅先」や「ベランダで植物を育てる」など、バスケットのなかに入っている3冊の本を示唆する名札がつけられ、「読みやすい本」と「ちょっと歯ごたえがある本」、そして「ものすごく読みやすい本」が3タイトル選書してあります。写真集や図鑑など、パラパラめくっただけで楽しめる1冊もあれば、少し硬い読み物をあるし、漫画や絵本も混在している調子です。このイベントでバスケットは50個準備するのですが、案外人気でして、瞬く間にバスケットは借りられてしまいます。そして、おもしろいのが借り手の多種多様なこと。もちろん本好きの方も多々いるのですが、「敷物がタダだから」という理由で借りてゆく年配男性も結構多いのです。

そういう方は、どうするかというと空いている芝生スペースを見つけ、おもむろに敷物を広げます。そして、その四隅に本を1冊、また1冊、もうひと角に1冊、そして最後にバスケットを置いて四点確保というわけです。愛書家の方々には怒られてしまいそうですが。その後の彼らの動きは様々ですが、出店に足を運ばれる方が多いようです。毎年、このイベントにはワールド・ハイボール・バーやらドイツ・ワイン・フェスタなど、実においしそうなお店が出店していました。そこでハイボールやらフィッシュ&チップス、ソーセージ&チョリソーなどを買ってきて一杯はじめられる方を、お酒好きの僕は少し（かなり？）羨ましく見ていたものです。

さて、閑話休題。敷物目的でパークライブラリーに来ているそんなおじさまは、基本的には本なんぞに興味がありません。四隅の重しにしているくらいですから。ところが、そんな彼らが時間の経過とともにある行動に出るのです。横にごろんとなって、5月の陽光を浴びます。初夏の風は気持ちよく、芝生もよく整備されている。お腹もいっぱいだし、お酒も少し入りました。いつもは口うるさい（?）妻子も買い物中で実に静かな午後です。そうすると、不思議なことに彼らだって開くのです。目の前で重し替わりになっている本のページを。

何年か前、たまたま現場で見かけて声をかけたおじさまがパラパラと本を開きながら「いや、しかし本なんて開いたの4年ぶりだなあ」とおっしゃったときは、さすがに僕も驚きました。

本に関わる仕事をする者として、「4年も本を開かない」という事実に唖然としながら、これが世の中の現実なのだと深く自分に言い聞かせます。一方で、4年ぶりに本を開く機会をつくれたことはポジティブに捉えるべきだとも思いました。このパークライブラリーでは、1日にバスケットが平均8回転します。つまり、50バスケット×3冊×8回転で

1日にならすと1200回、誰かが未知なる本を手にする機会はつくれているわけです。

そして、もう一つ前向きだと思えるのは、みな自発的にこの場で本を読んでいるということです。強制されることも、切迫した観念からでもなく、ただそこでの読書が心地よさそうだから、本を読む――。

体が心地よいと心に余白も生まれる

動物園における行動展示の「行動エンジニアリング」ではありませんが、このパークライブラリーは偶然にもいろいろな要素が重なって、誰もが読書を楽しめる環境になっています。そして同時に、「本を読んでもらいたい」という僕らの想いを、とても自然な形で「受け手」にも伝えることができた好例だと思っています。

そこで、その理由を考えてみたいと思います。まず、このパークライブラリー開催時の気候がよかったというのは忘れてはいけません。お天道様に感謝というやつです。天気などというといかにも偶然の産物のようですが、日差しや風が気持ちよく、暑くもなく寒くもない。そして、空腹でもなく、お酒も少し入った気持ちの良い状態。つまり、「身体的な心地の良さというのが『受け手』にある」というのが、届きにくいものを届ける大前提になるのではないでしょうか？　僕らも本を差し出すときに、「受け手」がどんな体の状態でそれを手にするのかを実は念入りに考えています。読者になるかもしれないあの人は、その本棚の前で立っているのか、座っているのか？　立っているなら床の素材は何なのか？　座っているとしたらどんな高さの椅子で、座面素材は柔らかいのか、固いのか？　そんなコンテンツとは全く別のマテリアルが、伝達の成否を大きく左右することがあるはずです。実際、ネット書店が隆盛になってからリアル書店で椅子やソファをよく見かけるようになったのは、そんな細やかな慮りの足跡とも言えます。

前章でも書いたように、そうした身体的な余裕が、精神的な余白を生み出します。身体的な心地よさがあれば、本にまったく興味のない人にだって、それが届く可能性が生まれる。インターネット上ではなく、人が体を使う場所で行われる様々なコミュニケーションは、やはり体というものを中心に考えていく必要がありそうです。

一方で、読書という行為を体がどんどん忘れてしまっているのも確かです。スマートフォン上の短文をランダムに幾つか読むのではなく、紙の本を開き長い時間をかけ、よく噛みながら大きな流れを持つテキストを味わう。それを身体的に思い出してもらう試みも、いろいろな場所でやっていかなければならないと個人的には思っています。読書はある意味、「読む筋肉」を使うものですから、長らく長大な作品を読むことから離れていると、それを読む筋力も衰えてしまうものです。

幻想の箱庭

先ほど、動物園での「行動展示」について話しましたが、もう一つ重要なことがあります。それは、「行動展示」の領分をわきまえることです。

動物たちが本来暮らしている環境を模写する技術が上がり、「行動展示」全盛のように見える昨今の動物園ですが、それはあくまでも疑似体験だという事実に変わりはありません。「まるで」本物のようなサバンナや、「まるで」そこにあるかのような南極海の氷も、あくまでも自然環境の再現。その「幻想の箱庭」をつくっているのだという自覚と客観性が、その伝達装置が奏功するか否かの鍵になるのではないでしょうか？

パークライブラリーも、言わば「本を読みたくなる環境」という「幻想の箱庭」です。「幻想」というと違和感を持つ方がいるかもしれませんが、「幻想＝自然にないもの」と考えていただくと伝わりやすいかもしれません。つまり、東京ミッドタウンという商業施設にピクニックバスケットを置くということは、僕が意図した恣意的状況です。

自然状態というのを、人間が生命維持をする本能だと仮に定義すると、本を読んでもらうということは絶対に必要なこととは言えません。それどころか、今の世の中に溢れているサービスや、多くの人が従事している仕事というのは、ほとんど自然界において必要なことではない。そういった状況下で、「伝えたいこと」を「伝える」には、緻密な箱庭（という環境）づくりが欠かせませんし、自身は人間としての本能に上書きする文化を伝える難しさを意識しなくてはいけません。

特に本に関しては、ずっと流通形態を含め「守られた環境下」で仕事をしてきました。それゆえ、どうしても「アカデミックな本ですが何か？」と少し偉そうになっていたり、「わからない奴が悪い」と卑屈になっていた部分が多かれ少なかれあった気がします。本という生命維持に不可欠ではないものに興味を持ってもらう困難と、それを伝えるために「上から」ではなく限りなく真横や下からの目線を持った「差し出し方」を忘れてはいけない。そんな、謙虚な姿勢で緻密な「幻想の箱庭」をつくり続けなければならないと思っています。

【参考文献】
池上俊一「欧米の動物園の源流」渡辺守雄『動物園というメディア』青弓社（2000）
並木美砂子「動物展示法変遷」
http://web.archive.org/web/20160304232536/http://homepage3.nifty.com/zooedu/animal%20exhibits.htm
並木美砂子『子どもが動物に出会うとき』風間書房（2008）
若生謙二「ランドスケープ アーキテクトの動物園革命」『ジャパンランドスケープ』35（1995）10－15頁
川端裕人・本田公夫『動物園から未来を変える――ニューヨーク・ブロンクス動物園の展示デザイン』亜紀書房（2019）

3時間目

デジタル・コミュニケーションにおける情報の差し出し方

――(株)アブストラクトエンジン代表取締役　齋藤精一さんの場合

Webの世界の差し出し方

幅　これまでの対話でも、何度かインターネットやソーシャルメディアと本の世界の対比が語られてきました。繰り返しになりますが、僕はどちらが良い／悪いという話ではないと思っています。現代を生きる人に何かを伝えたい、情報を届けたいと思ったとき、アプローチの手段としてテクノロジーの話を避けては通れないわけですが、デジタル社会で本を差し出すとはどういうことなのか、誰に話を聞いたらいいだろう？　と思いを巡らしたとき、一番話を聞いてみたかったのが齋藤さんでした。

齋藤　ありがとうございます（笑）。

幅　BACHではこれまで図書館をはじめ実態のあるリアルな現場で仕

齋藤精一
株式会社アブストラクトエンジン代表取締役。クリエイティブ&テクニカル・ディレクター。1975年、神奈川県生まれ。コロンビア大学建築学科にて建築デザインを学び、2000年よりニューヨークで活動。帰国後は、アート／CMの領域で立体・インタラクティブの作品を制作。カンヌ国際広告賞等、海外広告賞を多数受賞。

事を多く重ねてきました。近年はデジタルライブラリーの構築など、その領域は情報メディアの多様化と共に広がっていますが、電子図書の閲覧サービスと、デジタルアーカイヴズの構築が混同されていたりするなど、まだまだ道のりは長いなと感じています。そもそもデジタルの世界で（遅効性が特徴の）本の魅力を伝えるのは、実態のある場所でやるよりもある意味難しい印象があるのですが、いかがですか？

齋藤　そうですね。今はもうWebやSNSだけで何かを伝えたり、表現したりすることは難しくなってきたと思います。デジタルだけでコミュニケーションしていても、人の心に刺さらないんです。

だからこそ、僕らの強みというか、今ライゾマティクスに発注してもらえる理由の一つは、デジタルも物理的なフィードバックも両方できるところだと思います。例えばWeb上で何かを入力すると、連動してリアルな世界に変化をもたらす、というような表現を提案しています。デジタルとフィジカルの両方を扱えるかどうか、ライゾマティクスはその

ライゾマティクス
デザイン、建築、工学など多様な背景を持つメンバーが集うクリエイター集団。2006年に設立し、2020年より組織変更。2021年より「アブストラクトエンジン」に社名変更し、「ライゾマティクス」と「パノラマティクス」の2つのチームを設置。メディアアートの表現技法を広告やエンターテインメント、都市開発といった実空間に実装している。

要望に応えられるチームとして見られているんだと思います。

幅　なるほど。WebやSNSだからこそできる表現形態というものはあるのでしょうか？

齋藤　Webにおける表現手法は、実はそこまで進化していないような気がします。インターフェイスも、結局は人間のアフォーダンスに合わせてつくられていますしね。Webのレイアウトの手法に「Fの法則」と呼ばれるものがあるんですけど、それだって、人間の自然な目線の動きに合わせて、テキストを配置していく考え方なんです。

ただここ数年、ユーザーとWebとの関わり方はだいぶ変わってきましたよね。スマートフォンもタブレットもこれだけ普及して、通信環境も快適だし、例えばこうやって打合せをしていて、「齋藤さん、MVRDVのあの作品知ってますか？」って聞かれて知らなければ、その瞬間インターネットで検索して「知ってますよ。○○ですよね」っていう会

アフォーダンス
環境の持つ属性（形、色、材質など）が、人間や動物のそのものに対する行動・感情を誘発すること。

Fの法則
人間の視線移動の法則の一つ。Webを閲覧している人はアルファベットの「F」の字の形で、視線を移動させているとされるため、その動きに沿ってWeb上のコンテンツをレイアウトすること。

MVRDV
オランダのロッテルダムを拠点とする建築家集団。1991年設立。

au 4G LTEプロモーション「FULL CONTROL TOKYO－驚きを、常識に。」（プランニング、クリエイティブディレクション、プログラミング等をライゾマティクスが担当）

01 08 20
au
au

話が成り立つ。つまり、Ｗｅｂを含むデジタル技術はユーザーの拡張知になってきているということだと思います。

幅　なるほど。外部記憶。

齋藤　そうは言っても、Ｗｅｂの情報にユーザーの個人的な感情や感覚、思い出や経験のようにエモーショナルなものを埋め込めるかというとまだそこまではいっていません。

例えば、Amazonに代表されるネット書店では、一度に何万冊もの本を一覧できて、利便性に特化しているものではあるけれど、その何万冊もの書誌データそれぞれには属性がありませんよね。「バルセロナ」というワードで検索したとすると、旅のガイドブックから、建築の本、サッカーの本、小説、料理の本、写真集……、もうありとあらゆる本が並列で一斉にリストアップされます。このガチャガチャの分散の隙間を埋めていこうとするおもしろさが個人の本棚とか、もしくは本屋さんや図書館の書架にはあるんじゃないのかなと思います。

ポストコロナ社会に求められるキュレーションの力

幅　齋藤さんは昔から、オンラインで考えられたアイデアやスキームを重力のある世界に落とし込んで建築や都市計画に実装する、というようなお仕事の仕方をされていますよね。インターネットの世界で閉じていないで、重力を気にしないといけないところに敢えて挑んでいるところが個人的に好きなんです。

齋藤　ありがとうございます。ただそのぶん、イベントや都市計画の仕事は、たくさんの人を集めてこそ成功と言える商売なので、2020年の初頭から感染が拡大した新型コロナウイルスの影響は非常に大きかったですね。「プロジェクトが延期になりました。でも1年後に実施できるかどうかは未確定です」みたいなのがどんどん増えて、経済も少しずつ止まり始めた。それこそオリンピックのような大きなイベントの場合には、わかりやすいマイルストーンに向けて、事業計画も人材の確保も進んでいくじゃないですか？　それが一気に崩れて、結局、アジェンダがわからなくなった。会社としてはいろいろ大変でしたけど、でも急ブレーキを踏まれたおかげで気づけたことはたくさんありました。

そのうちの一つが、「未来をつくっているはずが今を追いかけていた」という感覚なんです。僕、あまり未来論とか好きじゃないんですけど、コロナ前の世の中って、マーケティング論主体で〝これからはこうなっていくべきだ〟という社会指針が次から次に出てきて、これが正解、これは不正解というジャッジが下されていた。みんなその正解に向かって必死に走っていましたよね。それがコロナで急ブレーキを踏まれて、みんながめざすその列車に確かに自分も乗っていたんだなということに気づかされたんですよね。

幅　確かにＳＤＧｓひとつとっても言葉が走りすぎていますよね。あれは、もともとはヨハン・ロックストロームの「プラネタリー・バウンダリー」という概念がベースにあるものなのですが、その根っこの部分を置き去りにして、「世の中ＳＤＧｓらしいぞ。まずはバッジつけなきゃ」っていう感じだと、自分のなかから湧き出ている問題意識ではありませんもんね。

走っている電車に乗るか乗らないかを問われたら、とりあえず乗ってみる、そういうものが世の中には多い気がします。

齋藤　自分の足で未来に向かって自転車を漕いでいたつもりが、みんなを乗せて未来に向かう電車の上で漕いでいただけだったわけです。

幅　もしくは自分以上のすごいスピードに巻き込まれていた。ペダルを漕ぐ力が車輪に伝わっていなかったとも言えますね。

齋藤　はい。それはすごく感じました。そんななかで、もう一回あらた

ヨハン・ロックストローム
１９６５〜
環境学者。スウェーデン出身。地球規模の持続可能性に関する研究に取り組む。「地球の限界（プラネタリー・バウンダリー）」理論を提唱し、ＳＤＧｓに大きな影響を与えた。

プラネタリー・バウンダリー
地球の限界、惑星限界とも呼ばれる。人類が、それ以上開発をつづければ地球に取返しのつかない環境変化を生じさせることになる、その境界のこと。気候変動、生物圏の一体性、土地利用変化、生物地球化学的循環については、人間が安全に活動できる境界をすでに越えていると指摘されている。

めて考えてみたんですけど、今、哲学の時代に入ったんじゃないかなと思っていて。人間ってなんだろう？　命ってなんだろう？　幸福ってなんだろう？　ということをもう一度再定義しないといけない。

トゥルーなのかフェイクなのかわからない状態がすごく長く続いていて、どちらの方向に行くべきなのか、自分たちで判断しないといけない。これからは、情報や知識を入れ込むだけではなくて、外部から仕入れたコンテンツに対して、プライオリティをつけて、自分なりの哲学に基づいてキュレーションすることが必要だと思います。何が正解で、どれが不正解なのか、その判断を自分でする。

幅　僕も「自発的」って、これからの言葉だと感じています。「自分は○○だと思ったから、□□だと判断して、その結果、△△を選んだ」なんていうふうに自分の主張がしづらい世の中だけど、していかなきゃならない。その基点を自分のなかに保ち、刷新し続けるって、すごく重要なことだと思います。

そうやってジャッジする力を鍛錬するためにも、意外に本は役に立つんじゃないかなという気がしているんですよね。というのも、本は自分でコンテンツに接している時間を牛耳れる。止まったり、途中で読み返したり、読み飛ばしたり……、その本をどう読むかは読み手の自由です。一方で、Netflix や Amazon Prime は永遠に見続けられてしまう。もちろん止めようと思えば止められるはずなんですけど、アルゴリズムに基づいた「あなたにオススメの動画です」が出続けて、再生が終わらない。膨大な時間の余白と社会性を持っていかれるというか。しかも、読書で得た知見に比べて、自分の根幹に残りにくい気もしています。本は自分のペースで読んだり、読まなかったりできるので、主体性を持ってコントロールでき、自らの痕跡と接合しやすい気がします。

齋藤　確かに、Netflix も Amazon Prime も止められるのに、基本、止めませんね。先程お話した、ほかの人の電車に乗ってる感覚と近いものがあるように感じます。

そう考えると、自分再生メディアというか、本のように自分で時間軸を決められるメディアはほかにあまりありませんよね。

幅　特殊なメディアだと僕も思います。映画を見ていようが、ドラマを見ていようが、アニメを見ていようが、本を読んでいようが、おそらくどんなメディアであっても自分の感情は乗せることはできるんですけど、乗ったまま走っているときに、「おっ！」と思ってブレーキを踏んだり、ギアをバックに入れたりして戻ることができるのは本だけなんじゃないかなという気がします。

デジタルとフィジカルの融合

齋藤　２０１１年にソニーの電子書籍ストア「Reader™ Store」と連動した企画で「好奇心の本棚」というキャンペーンサイトをつくりました。ライゾマティクス（現アブストラクトエンジン）がキャンペーンサ

事務所の本棚

好奇心の本棚
２０１１年、ソニーが電子書籍ストア「Reader™ Store」のキャンペーンサイトとして開設。ツイッター等のSNSと連動させることで、作成した本棚をフォロワーに伝え、閲覧者はReader™ Storeから電子書籍を購入することが可能。

イトをつくって、ＢＡＣＨに書籍のセレクションをやっていただいて。
今はサイト自体はないんですけど、ツイッターとかでログインすると、自分の本棚がＷｅｂ上につくれる仕組みです。

幅　そうですよね、やりましたよね。

齋藤　このサイトでは、本棚のマテリアル（スチール／木目調…etc.）と、そこに飾るアイテム（時計／地球儀／木彫りの熊など数十種類）から3つを選ぶと、アイテムの組み合わせにひも付けられたお勧めの書籍が本棚に並んで、自分だけの本棚が編集される仕掛けでした。そこから読みたい本を購入したり、興味のない本を削除したり、Ｗｅｂ上でオリジナルの本棚をつくることができます。
この「好奇心の本棚」は、デジタルの世界における電子書籍の本棚と、現実世界における物理的な本棚を融合させるような見せ方ができないか、ということの実験でした。

「好奇心の本棚」キャンペーンサイト
（＊現在は閉鎖）

幅　本自体にそもそも備わっている内容の固有性だけでなく、判型や厚さ装丁といったものをＷｅｂ上で表現するのはこれまでなかなか難しくて、Ｗｅｂではどうしても均一化して見せざるを得なかったわけですが、この「好奇心の本棚」では、本の厚さや質感の表現も試みて、そのあたりにもきちんと工夫がなされていましたよね。

齋藤　重さとか硬さを表現するために、本を倒してみたりしましたね。

幅　できあがったＷｅｂサイトを見たとき、これはデジタル上の「一箱古本市」だなと思いました。一箱古本市は、不忍のブックストリートから始まったイベントで、参加者が各自段ボール一箱分の古本を持ち寄って、それを売るんです。素人であろうが、書店コードがなかろうが、「〇〇書店」っていうふうに参加者は自分のお店に屋号をつけて、自分が売りたい本を持って行きます。

売ることを目的にして、人気がありそうな本を持って行ってもいい

一箱古本市
「みかん箱一箱まで」を上限に、素人からプロまで地域のお店の軒先を借りて古本を販売する古本市。2005年、東京で開催された「不忍ブックストリート」の古本市を契機に全国で展開されている。

し、単純に自分の好きな本を並べて、それについてお客さんと会話を楽しむだけでもいい。そこは参加者の裁量に任されていて、値段交渉も自由。一度、新潟で開催されたときに僕も参加したんです。BACHの仕事で書店をいくつかディレクションしながらも、自分たちが選んだ本をお客さんに直接手渡しできる経験は少なかったので、一箱古本市にはそれができるおもしろさがありました。僕が持って行った本のなかに、久住昌之さんのご兄弟コンビ、Q.B.B.（久住昌之＋久住卓也）が描いた『とうとうロボが来た！』という名作マンガがあったんです。ロボっていう犬が飼いたくて飼いたくて、飼えない素敵な小学生の話です。

そのマンガを、僕の目の前で小学校3年生ぐらいの少年がずーっと立ち読みをしていて、「それ欲しいの？」って声をかけたら、「欲しいけどお金がないんで、ちょっとおばあちゃんに相談してきます」って。そのマンガ、単行本だと1000円越えるぐらいで、少年が買うには少し高めなんです。だけどどうしてもあの子に読んで欲しい、っていう気持ちになって、それで、おばあちゃんと一緒に帰ってきたときには「も

久住昌之
1958〜
漫画家、エッセイスト、装丁家。『小説中華そば「江ぐち」』（新潮OH！文庫）、ドラマ「孤独のグルメ」原作など、著書多数。

久住卓也
1963〜
漫画家、絵本作家。『なすのぼうや』（ポプラ社）など、数多くの作品を発表。

Q.B.B.『とうとうロボが来た！』（青林堂、1944［幻冬舎文庫、2005］）

う、おばあちゃん、いくらでもいいですから」って、200円で（笑）。

齋藤　へーっ（笑）！

幅　「好奇心の本棚」でも同じことが言えると思うんですけど、単純に自分の属性、趣味嗜好を人に見せて、誰かと共有するだけではなくて、見せた後に実際的なやりとりが可能であるということが重要な気がするんです。僕の一箱古本市での体験は、本が売れたことよりも、自分にとってこんなに大切だったあの本が、確かにあの少年に届いたという、その手ごたえ、その確からしさを得るという意味ですごく良かったと思っています。

デジタルの世界でも様々なツールでプライベートを日記のように綴ったり、個人の趣味嗜好を表現したりするだけではなくて、見せた後の手応えというか、これがこんなふうに届いたっていう承認の実感がすごく重要になっていますよね。一方で、それを過度に求めると、逆に孤独を感じてしまう矛盾にぶつかっている人も多い気がします。

デジタルと紙媒体――ＶＳ構造から使い分けへ

齋藤　今、いろいろな意味でいろいろな業界が過渡期を迎えていると思います。メディアも、コンテンツもエンターテインメントもそう。ＴＶや雑誌、本に代わって現代人の時間を奪っているのがスマホですよね。それこそ電車のなかでも、歩きながらでも、どこでもスマホを見ているのが現状です。

幅　時間があいたらスマホを見る、という一連の動きが身体に刷り込まれているんでしょうね。本当にあの道具と機能は人間の脳をうまくハッキングしたものだと思います。テクノロジーによってもたらされたものの裏に、それに没頭する時間によって、できなくなったことがあることに意識的でありたいと思っています。

齋藤　「活字離れ」なんていう言葉もありますけど、デジタル上のコンテンツも含めれば、おそらく昔よりも現代人の方が活字読んでますよね。にもかかわらず、紙媒体、特に雑誌が次から次に廃刊になっていく。例えば僕の大好きな雑誌、学生時代バイブルのように読んでいた『STUDIO VOICE』も『remix』も廃刊になってしまいました。

幅　僕もいまだに、過去のおもしろかった特集を読み返すことがありますよ。

齋藤　ああいう、ある種憧れの世界を見せてくれていた雑誌のクロージングパーティに行くと、あぁ、これはデジタルが何らかの荷担をしてしまっているんじゃないかな、と考えることもあります。

幅　出版を産業と捉えたとき、その影響は大きいと言わざるを得ません。電子書籍の話題が出始めた頃、出版業界にはどうしても「黒船が

『STUDIO VOICE』
1976年創刊のカルチャー雑誌。INFASパブリケーションズ（旧株式会社流行通信）発行。2009年廃刊。アンディ・ウォーホルによって創刊された『Interview』誌と提携して、インタビューを主な内容としていた。2015年復刊。http://studiovoice.jp/

『remix』
1991年創刊の音楽雑誌。株式会社アウトバーン編集・発行。クラブミュージック・シーンを中心に人気を集めた。2009年休刊。

やってきた」という感覚があったように記憶しています。要は、自分たちの既得権益を根こそぎ奪い取る存在として語られていました。

僕自身は正直言って、紙で読もうが、電子書籍で読もうが、どちらでも構わないと思っています。大切なのは、読書を通じて触れた情報を自分のなかでどう吸収して、どう使っていくのか？ 自らの意識と身体を駆動させるエネルギーとして、情報をどう使うのか。本なんてたくさん読むのが正解とは言い切れないし、一冊を永く読み続けるような読書でもいいと思うんです。

ところで、僕が最近気になっていることが「読書空間のアスレチック・ジム化」です。どういうことかと言うと、「ここでは読むぞ」と決めて、時間と場所を整える。2時間なら2時間、スマホの電源もオフにして、集中できる環境を用意する。大阪の中之島に「こども本の森」という図書施設を開館させ、今も運営で関わっているのですが、コロナ禍のオープンだったこともあって、1ターム90分と時間を制限して、オンライン予約制にしたんです。はじめから90分っていう時間のフレーミン

グが決まっていると、大人も子どももびっくりするぐらい集中して本を読むんです。一日中オープンしていて、朝から晩まで居てもよいシステムを採用していたら、途中でスマホを見たり、昼寝をしたり、休息をしたりして、こんなに集中して読書する人が集まる景色をつくることができなかっただろうなと思いました。

そんな様子を見ていて、これって土曜日のジムと一緒だなと。要は、本当は家でも腹筋とか背筋とか、ランニングだって近所でできるのに、わざわざジムに入会するのは時間の確保とモチベーションの喚起としての効果が大きいと思うんです。時間の確保がこれだけ難しい世の中では読書の効果を薄々感じながらも、優先順位がどんどん後ろに追いやられていく。コロナ禍で読書量が増えたと言われているそうですけど、これからみんなの生活がコロナ前の元のペースに戻ったとき、自粛期間中に生まれたその習慣を維持するには、あらためて時間と集中できる場所の確保が大きなポイントになってくると思います。

齋藤　電子書籍が出始めたときも、移動中や出先に何冊もの本を持ち歩けて時間が節約できる感覚がありましたよね。

幅　ユーザーとしては便利なツールが誕生したなという感覚だったと思うんですけど、出版社サイドは電子化によるビジネスモデルがなかなかイメージできず、電子化には慎重な版元が多かったように記憶しています。

齋藤　これまで、出版界で語られてきた電子書籍やデジタルの話って、どうしても紙の本とのＶＳ構造で語られることが多かったと思うのですが、本来は、読者という主体が紙とデジタルと、単純に道具として使いわければいいだけの話ですよね。大切なのは「本を読む」という実体験なわけで、その価値は何にも置き換え不可能というか。

今回のコロナ禍でテレワークやＷｅｂミーティングといったやり方で経済や仕事の流れをかろうじて止めずにいられたのはインターネットの

力でしたし、一方で本というメディアの魅力も見直されたところがあって、両方ともちゃんと道具になりましたよね。

幅　なりましたね。デジタルとフィジカルの使い分けに対して意識的な人が増えてきている感じはしますよね。『プルーストとイカ』や『デジタルで読む脳×紙の本で読む脳』で知られるメアリアン・ウルフのように、その読書の違いを脳科学の分野から研究する人も現れ、両者を自在に使い分ける「バイリテラシー脳」についての提言も刺激的です。

齋藤　日経新聞がオンラインになって2020年3月で10年を迎えたそうです。オンラインで読む人ももちろんいますけど、そのせいで紙媒体がなくなったわけではない。結果として、読者層が拡張されたと言えると思います。世代によって、場所によって、志向によって、「読む」環境はそれぞれに違うわけですから、環境や個人の都合に合わせたメディアの使い分けができればいいのではないかと思います。

メアリアン・ウルフ／小松淳子訳『プルーストとイカ』（合同出版、2008）

メアリアン・ウルフ／大田直子訳『デジタルで読む脳×紙の本で読む脳』（合同出版、2020）

メアリアン・ウルフ
学者。カリフォルニア大学ロサンゼルス校（UCLA）教育・情報学大学院の「ディスレクシア・多様な学習者・社会的公正センター」所長。専攻は認知神経科学、発達心理学、ディスクレシア。

幅　そうですね。大学生ぐらいの年齢の子に話を聞くと、自分のなかで「これは神だ」って思えた作品だけ紙で買うって言うんです。作品が社会的に良いとか悪いという評価基準ではなく、自身と深く結びついている大切な（御守りのような）本は紙で持っておこう、この本はデジタルで持っておこうっていう使い分けの感覚がしっかりあるみたいなんですよね。

彼ら、彼女らの場合、本当にナチュラルに生まれたときから、世界中のあらゆるコンテンツにアクセス可能な状態です。とは言え、人が両手を伸ばして届く距離、一日の時間、顔を見て付き合える人の数とか、ヒューマンスケールは我々と変わらないわけです。本も音楽も、デジタルが自然と身の回りにある世界を生きる一方で、例えば、ここにあるように（と、目の前の本棚を指しながら）やっぱり大友克洋の『ＳＯＳ大東京探検隊』が齋藤さんの事務所の本棚にあると嬉しい――、そういう感覚に対して、すごく正直というか。見ていてすごく健やかだなぁと思います。

齋藤　電子書籍なのか？　紙なのか？　ということではなくて、両方を等しく道具として見たときに、自分が自分らしく生きるために必要な方を選べばいいわけで、「本を読む」という実体験そのものが持っている価値はデジタルで読んでも、紙で読んでも、変わらないということですね。

幅　本当にそうですね。今日は「デジタルＶＳ紙」という対立構造を越えたお話ができて、大変有意義でした。お忙しいなか、ありがとうございました。

株式会社アブストラクトエンジン
齋藤精一さんとの対話の後で

インターネットにおける3つの時間軸

齋藤さんと話してから少し時間が経ってしまいましたが、インターネットの世界はすでに新しい次元に突入しています。「今日の世界でもっとも重要な潮流は、グローバリゼーションと情報技術革命がまったく新しい段階にはいっていることだ」とは、「ニューヨーク・タイムズ」誌コラムニストのトーマス・フリードマン[1]の言葉ですが、「つながった世界」は、「過剰につながった世界」へ移行したと彼は言います[2]。

インターネットの歴史を3つの時間軸に分けると、20世紀末までの25年間はインフラ企業がインターネットの礎を築いた時期。2000年から2015年の「ウェブ2・0」と呼ばれる時代は、グーグルやフェイスブックのような「無料」メディアのプラットフォーム企業が独占的な

1　ジャーナリスト。ピューリッツァー賞を3度受賞。著書に世界的なベストセラーとなった『レクサスとオリーブの木』がある。

2　トーマス・フリードマン／伏見威蕃訳『フラット化する世界（増補改訂版）』（上）（下）、日本経済新聞出版社（2008）

サービスや製品をつくった時期。そして、第3期はインターネットが他産業（医療、教育、金融、輸送）の領域で革命を起こしている、今僕たちが直面している時期と言えます。

一方、インターネットの効能ではなく、懸念を抽出する書き手であるアンドリュー・キーン[3]に言わせると、下記のような3つの時期に分けることもできるそうです[4]。第二次世界大戦の終結から1990年代初頭の先駆的な科学技術者らが公共の利益と国防のためにインターネットを開発していた時代。この時期は、WWWの発明者であるティム・バーナーズ＝リー[5]がウェブブラウザの技術にライセンス料をとることは背信行為だと考えたような理想主義の時代とも言えます。

第2期は1990年代から現在に至る時期で、シリコンヴァレーが投機性の高い市場へと変化し、ベンチャーキャピタリストや企業家に支配されるようになった時代。「無料」テクノロジーがデジタル経済を牛耳ることで格差は拡大し、監視経済が出現してユーザーがインターネット

3 起業家、作家。ネット社会が専門家の知見を脅かすことを懸念するなど、インターネットの脅威について語る立場をとる。著書に『ネット階級社会』、『インターネットは自由を奪う』等がある。

4 アンドリュー・キーン／中島由華訳『インターネットは自由を奪う』早川書房（2017）

5 コンピューター技術者。ロバート・カイリューと共にWorld Wide Web（WWW）を考案し、今日のインターネットの礎を築いた。URL（URI）、HTTP、HTML も彼の手によるものである。

の原料になってしまった時代です。

そして、来たるべき第3期は「急速に進化しつつあるオンラインの様々な脅威を排除するため、政府と民間が協力する新時代」と言われています。これは、デンマークの政治家マルグレーテ・ベステアー[6]が EU競争政策担当委員に就任してから顕著になったタームと言われており、ヨーロッパにおけるグーグルの独占的なビジネスの手法に異議申し立てをし、彼らと協力態勢を築いていこうとするベステアーの姿勢を指すものです。

確かにインターネットの技術は通信とビジネスの仕組みを根底から変えました。けれど、実のところ富と権力の役割を変えることはありませんでした。トマ・ピケティ[7]の大著『21世紀の資本』においても、デジタル革命がもたらしたものとして民主化や多様化以上に雇用の喪失や低価値コンテンツの過剰、独占的なIT企業の誕生と彼らによる大規模な租税回避、格差の拡大などがあげられています[8]。

6 デンマークの政治家。EUにおける競争政策を担当。

7 経済学者。歴史比較の観点から、経済成長と所得および富の分配についての研究を行っている。著書多数。

8 トマ・ピケティ／山形浩生ほか訳『21世紀の資本』みすず書房（2014）

9　SF作家。ベトナム戦争の際、徴兵を逃れ、アメリカからカナダに移住。1984年に出版した初の長編小説『ニューロマンサー』は、SF界の主な賞を総なめにした。

ネットワーク社会でバランスを保つために

先述のキーンが自著のなかで、『ニューロマンサー』で知られるSF作家のウィリアム・ギブスン[9]の「未来はすでにここにある——ただ、均等にいき渡っていない」という言葉を紹介していますが、まさに未だ「均等にいき渡っていない」のがネットワーク社会の恩恵だと言えます。よいものを公平にいき渡らせ、既得権を壊し、オープンで公平な世の中を実現するものとして熱心に伝導されてきたインターネットの世界が一筋縄ではいかない解決策だというのは近年誰もが薄々感じていることです。

覗き見と自己愛と承認不足の解消。これらは、人類史のB面で人がずっと欲し続けてきたものかもしれませんし、それによって得られる自己充足を僕だって知っています。インスタグラムでは、久しく会っていない友人らにポラロイド写真を送っている気持ちになりますし、見知らぬ誰かと意見を交換するのも有意義なものです。けれど、それにより大きな変化を遂げてしまった文化や経済、そして知性のあり方に対して揺り戻しがきているのは間違いないことだと僕は思っています。

そんななか、デジタル技術のプロフェッショナルでありながら「WebやSNSだけで何かを伝えたり、表現したりすることは難しくなってきた」とずっと前から意識している齋藤さんは先の見えている人だと思いました。彼がインタビューの際に話してくれた「デジタルとフィジカル」の両立、その補完関係を探ることがインターネット上の情報だろうが書物の上の情報だろうが、世の中に溢れる情報と仲良く付き合っていく基盤になるように思えます。

情報の使い分け

この「デジタルとフィジカル」という相反すると思われがちな両者を結びつけるために、まずは個々の特徴を意識する必要があります。本の世界で例えるなら以下のようなことが言えるでしょう。

まずは「フィジカル」に訴えかける紙の本について。こちらは、コンテンツに接している時間を人が主体者としてコントロールしやすいことがあげられます。読んでいる途中で止まって考えたり、読み戻ったり。また、著者や参考文献、引用などの責任の所在が明確で、さらに言うなら書き直しができないことが大きな特徴としてあげられます（校了後にリライトしようと思えば、それは回収騒ぎになってしまいます）。ですから、紙の本の書き手や編集者は、印刷という後戻りができない地点を通過する直前まで何度も推敲を重ねたり、一つひとつの助詞や文章のリズムを精査したりして足掻きます。こうして何度も練られたテキストには、奇妙な怨念というか祈りというか、何か数字では測れないものが宿るのではないかと僕は思っているのですが、そんな読書経験はありませんか？

一方、「デジタル」の代表とも言える電子テキストのメリットは何かと言うと、アクセスの簡単さと、持ち運びの容易さ、そして検索のイージーさがあります。また、常に書き直しができる点にも特徴があります。そのテキストは、(その気になれば)永遠にリライトし続けることができる終わりがないものです。Webニュースや SNS上に誤字や脱字が溢れていても人がさほど気にも留めないのは(実のところ僕はとても気になるのですが…)、それがいつか書き直される可能性のある未完成のものだという認識を誰もが共有しているからに違いありません。

両者の違いを考えてみると、言葉の意味性を一つひとつ捉え厳密で深い伝達を目的としている情報が必要なときは「フィジカル」で接する書物に頼るべき、隙間の多い言葉の組み合わせから大まかな情報を広く浅く採取するときには「デジタル」の情報に触れるべきという、使い分けの基本骨子が露わになってきます。

誰もが四六時中スマートフォンを覗き込み、それが生活ツールとして完全に浸透しきっているのなら、その道具の使い方について意識的であるべきです。家のガスコンロを止めて焚き火で料理をしようなんて今さら誰も言い出さないのと同じように、情報摂取の方法に関してもどちらが良い／悪いという議論ではなく、使い分けをうまく賢くしていこうという姿勢が最も大切な態度だと思えます。そして、そんなときに主体は人間であることが何よりも重要だと思えるのです。

どちらが主体者か？

人間が主体として道具を使い、そこから様々な喜びを得ること。当たり前に聞こえるかもしれませんが、この基本的なことを続けることが難しい世界になりつつあるようにも思えます。

「われわれがツールの形を決め、しかるのちにツールがわれわれを形づくる」というのは文明批評家として先見性のあるメディア論を多々記したマーシャル・マクルーハン[10]の言葉です。これは、イギリス庶民院議事堂が建て直されたときにウィンストン・チャーチル[11]が残した「われわれが建物の形を決める。しかるのちに建物がわれわれを形づくる」という言説をもじったものだと言われていますが、日々ＳＮＳや

10　英文学者、文明批評家。現代文明論・メディア論の分野において、重要な位置を占める存在。著書に『グーテンベルクの銀河系』、『メディア論』など他多数。

11　イギリスの政治家。第二次世界大戦では、首相として連合国を勝利に導いた。著書『第二次大戦回顧録』でノーベル文学賞を受賞。

PCメールの返信に追われ、会話を減らし、「何のためのスマホなんだっけ⁉」と虚無感をふと感じてしまう「ソーシャルメディア疲れ」の只中にある人にとって他人事だと思えない話なのではないでしょうか？

マクルーハンが予見し、キーンが指摘したように、「電子通信ツールの登場によって産業社会からのトップダウン式・直線型のテクノロジーは消滅し、情報の継続的なフィードバックループによって形成される、分散型の電子ネットワーク」が出現しました。これは、言い換えると常にネットワークにアクセスし続けることが前提のコミュニケーションで、それをしない限り新しい「何か」は自身の元にやってきません。

現代が時間の奪い合いの激しい世の中になってしまった理由としては、右記のような産業構造の変化が大きな影響を与えていると思いますが、一方でそれは自発的に考える時間をも奪われていることを意味します。インターネットという新しいツールの主人になるつもりで勇んでいたら、いつの間にかその奴隷になっていた可能性も否定できません。マクルーハンは『メディア論――人間の拡張の諸相』[12]で言います。「われわれの目や耳や神経を借用して利益を上げようとする人びとの操作の手に、いったん、われわれの感覚や神経組織を譲り渡してしまったら、実際には、もうどんな権利も手もとに残っていないのだ」と。

12 マーシャル・マクルーハン／栗原裕ほか訳『メディア論――人間の拡張の諸相』みすず書房（1987）

インターネットと時間の奪い合い

インターネットを通じて誰かに何かを伝えたいと思ったら、そこに流れる時間と折り合いをつけていかなくてはいけません。しかし、その流れる時間にまったく隙がないのが問題なのです。

先ほどから「現代が時間の奪い合いの激しい世の中になってしまった」と書いていますが、その変化を段階的にまとめると以下のようになります。

かつて、仕事やコミュニケーションはバッチ方式で行われていました。月に一度の請求書や納税など、日々のやり繰りを束にして処理。いろいろな出納を積み重ね、まとめて行う方式のことです。つまり、月末に帳尻を合わせるために日々の調整を重ね、それによって生まれる幾ばくかの余裕がまだあった時代です。

それがインターネットの普及により、すべてのやりとりが日割りになりました。手紙でなくメールのやりとりによって即日のレスポンスが当然のものとなり、銀行からお金を引き出してもそれは月末ではなくその日のうちに口座に計上されます。

そして、そこからさらに一歩進んだ段階が現在です。1日単位のやりとりからリアルタイムへとコミュニケーションは移行し、誰かにメッセージを送ったら即座にレスポンスが欲しいと、人は願うようになりました。ニュースサイトのタイムラインでも数時間前の情報より今この瞬間に何が起こっているのかを注視し、Netflix や Amazon Prime などのサブスクリプションのチャンネルで映画を見るにもその瞬間にストリーミング視聴が可能な契約範囲内のものからコンテンツを選ぶ私たち。10分程歩いて駅前のレンタルビデオ店まで行き、より未知で多様なコンテンツを探して高画質なBlu-rayを借りようとする人より、多少画質が悪く選択肢が限られていたとしてもすぐに見られるコンテンツを選ぶ私たちは、いつの間にか品質や好奇心よりも同時性を重視しているのです。

そして、そんなリアルタイム史上主義の私たちの読書との向き合い方も大きく変化しています。『ＷＩＲＥＤ』創刊編集長のケヴィン・ケリー[13]は、かつて書店を巡りそそられる本を漁るのが大好きだったと『〈インターネット〉の次に来るもの』で書いています[14]。しかし、彼はオンライン書店の出現により、リアルな書店よりもネット上での書籍購入の機会を増やし、やがてKindleのような電子書籍へと自身の読書ツールを変えていきます。確かに持ち運びも便利で興味のある本が即買えるという意味では画期的です。けれど、いつしか彼はクリックして買ったものの未読で溜まっている Kindle 内の本棚にある本と、クラウド上の本棚にある本との違いがまったくないことに唖然とし、今では30秒以内に読み始めるつもりの本以外は購入しないようになったと言います。リアルタイム史上主義者が行き着く自然の帰結として、読書すらも

13 著述家、編集者。１９９３年、『ＷＩＲＥＤ』を共同で設立。以後、99年まで編集長を務める。現在は、ＷｅｂサイトCool Toolsを運営。著書に『テクニウム』、『〈インターネット〉の次に来るもの』など他多数。

14 ケヴィン・ケリー／服部桂訳『〈インターネット〉の次に来るもの』ＮＨＫ出版（２０１６）

「ジャストインタイム方式」の購入法に変わってしまったのです。

こうした傾向には、やはり幾つかの問題が浮上してきます。まず、「30秒以内に読み始める」ということは、その読書になんらかの目的を持つことが可能性として高まります。つまり、元来は遅効性の道具である本に即効性が求められるということです。「問い」に対する「答え」がその本でうまく出揃えばいいのですが、言い換えるとそもそも「問い」のない人は読書行為から離れてしまいます。意味もなく耽溺する読書という優雅で無駄な時間の過ごし方もなくなっていくでしょう。

もう一つは、多種多様な本の試し読みによってできる人の知性の地盤が形成されにくくなるということです。ケリーのように若かりし頃に様々な読書体験をした人であれば年を重ねたあと今のような読書スタイルとなっても問題ないかもしれません。けれど、読書経験値が少ないときこそ自身の興味とかけ離れた場所にある著者やジャンルの本に触れるべきだと僕は考えています。遠い場所からの景色が、思いもよらない紆余曲折を経て自身の核を形づくることもあるからです。

それらの懸念や今後の事業性を考えたとき、本の世界も抜本的に変わっていかざるを得ないのかもしれません。オンラインにおける映像ストリーミング配信会社が定額制で本数制限なしのサービスを始めて変革したように、電子の本も1冊単位の課金ではなく定額制による冊数制限なしの読書サービスが主流となる可能性が高いと僕は考えています。

実際、今の日本でも「Kindle unlimited」、「楽天マガジン」、「ドコモdマガジン」のような読み放題サービスが充実してきました。1冊の売り買いではなく、ユーザーが読んだページ数による利益の配分を事業のベースとしたこれらのサービスが、果たして読者と著者に恩恵をもたらすことができるのか？　現在はコンテンツの量やキャリアにおける縛りがサービスの優劣を決めると思われていますが、本はそもそも同時に2冊読むことができないメディアなので、沢山ストックがあることよりも、サービス内で的確な1冊に遭遇させる動線づくりと丁寧な差し出し方を徹底したところが主流になっていくと僕は考えます。一方で、そんな時代だからこその紙の本との付き合い方が、形作られるとも思うのです。

共働する世界へ

「新しい機能を発明する速度がそれを文明に取り入れる速度を超えてしまっている」とは、先述のケヴィン・ケリーが現代のテクノロジーを見渡したときに言った言葉です。確かに携帯電話のバイブレーションやサイレントモードなど、道具を使う際のマナー用の機能は端末の発明よりずっと後に開発されました。テクノロジーを飼い慣らす時間と余裕がどんどん短くなっているのは事実です。しかしながら、一方で彼は突き抜けたテクノロジーを禁止しては生産的な結果をもたらさないとも語っており、僕も概ね賛成です。

新しいテクノロジーは既存産業のビジネスモデルを変え、あらゆる職

15 海賊版漫画ビューアサイト。2018年に閉鎖されたが、その後も類似のサイトが運営されている。

業を消しては生み、法の想定を越えようとするものです。だから、それを押し戻したいという衝動にかられるのは動物としての生存本能なのかもしれません。けれど、ケリーの言う「不可避」の変化が（目に見えるもの、見えないもの含め）世界全体を覆い胎動しているのなら「逆らうのではなく、一緒に歩いていける」能力こそが必要なのではないでしょうか？ 生まれてくる発明が害悪にならないよう法的、技術的な制御を施しながらうまく手なづけ自分たちの味方にしていく必要があるはずです。願わくば、駆け足ばかりを迫られるなかで、せめて歩くほどのスピードで変化と付き合えるとよいのですが…。

例えば「漫画村[15]」など、法の隙間を縫った悪質なコピーがインターネット上からなくなることはないでしょう。ケリーは自著で「インターネットは世界最大のコピーマシンだ」と言っています。データ、アイデア、メディアを瞬時に複製し、それらが自由に大量に流れる川の上に現代のデジタル経済は成立しています。つまり、コピーというのはグローバルなコミュニケーション・システムに焼きつき、分かつことができない本質の一部なのです。

また「無料」という概念も、その本質の一部であることは間違いないでしょう。かつて工業化の時代には、安価で正確なコピーが流通していましたが、現代は無料で正確なデジタルコピーが流通し、有料時代とは比べものにならないスピードで複製を繰り返すようになりました。YouTubeで見られるミュージックビデオの再生は億の回数を数えるものが多々あります。

人は何を価値と考えるようになるのか？

このように膨大な無料コンテンツが常に流れ続けているWeb上の大河では、逆にコピーできない有料のものが価値になっていくことでしょう。ケリーはそれを具体的に「即時性／パーソナライズ／解釈／信頼性／アクセス可能／実体化／支援者／発見可能性」の8つに分類しています。その内容は彼の本を詳しく読んでいただくとして、僕がここで考えるべきは本の差し出し方における価値が未来ではどうなるか？ということです。

そのなかで僕が特に注目するのは「解釈」、「実体化」、「支援者」、「発見可能性」の4つです。

まず、「解釈」について考えてみます。「ソフトは無料だがカタログは1万ドルです」というジョークをアメリカではよく聞くそうですが、実際本の読み方を指南する副読本の価値は高まると思えます。「本と温泉」の項で紹介する『注釈・城の崎にて』は、100年以上前に志賀直哉が書いた（文庫本でわずか）十数ページの短編作品『城の崎にて』に、当時の世相や志賀の立ち位置などを丁寧に説明する「注釈」を加えたものです（202頁）。この副読本の存在によって、志賀が実際に電車に轢かれたときの様子や、彼の城崎来訪時の心境、そして、それが後の作品群にどのようにつながっていったのかを理解することができます。つまり、副読本という読書サポートのおかげで『城の崎にて』という作品を現代人にも通じる作品へとアップデートすることに成功した好例です。

「実体化」については、言うまでもないでしょう。音楽は無料になりましたが、ライブにおける演者のパフォーマンスと音質の追求、そして、熱狂する自身の身体性にオーディエンスは価値を感じるようになりました。本の世界も音楽と同じように無料化の波に逆らえなくなる日が来るのかもしれません。が、作家の講演料は反比例して高くなっていく可能性があります。もちろん布張りの綺麗な上製本を手に持つ気持ちのよさは人が体を使い続けている限り有効ですし、いつも視界に入る本棚に書籍を置いておくだけで「安心して忘れること」ができます。けれど、単純に実物体としての本の可能性以上に、読書体験をどうやって「実体化」していくのかということに僕は興味があります。

以前、僕は「読書のフェス」と銘打ったイベントを開催し、上野の恩賜公園野外ステージ（水上音楽堂）で朗読のイベントをしたことがあります。「家で静かに一人で読む」のではなく、「外でみんなでワイワイしながら読む」体感型のイベントは、書き手本人のブレスや声色が、聴衆の耳から伝わる新しい読書体験だったと思います。よく晴れた春の日に屋外ホールでビールを片手に焼きそばパンを食べながら聴く読書。音楽ライブの熱とはまた違った牧歌的で心地のよい「実体化」だったと思えます。

また、2018年に東京オペラシティアートギャラリーで開催された「谷川俊太郎展」も読書行為の新しい「実体化」を体感できる意欲的なエキシビションだったと思えます。谷川さんの詩を展示会場で大きく視覚化するのですが、映像や音を用いたインスタレーションとして言葉を差し出していました。真暗闇に浮かび上がる「かっぱかっぱらった…」でおなじみの『ことばあそびうた』。小山田圭吾が音をつくり、インターフェイスデザイナーの中村勇吾が映像を手掛けた新しい詩の体験は「読む」というより「言葉を浴びる」感覚を僕に抱かせ、会場に多く訪れていた老若男女を虜にしていました。

そして、「支援者」というのは、熱心なファンや視聴者が創作者に

「お金を払いたい」と願い、クリエイターと直接結びつくことです。ケリーの著書では英国のバンド、レディオヘッドが２００７年に発表したアルバム「イン・レインボウズ」で、楽曲をダウンロードするユーザーが自由な金額を投げ銭する制度をとったことが紹介されています。結果、平均2・26ドルが支払われ、以前のアルバムの総売り上げを上回る収入があったと記されていますが、本の世界で言うなら著者と読者が直接作品づくりに関わったり、交流を図ったりすることを指すと思います。

現在もクラウドファンディングを用いた本の刊行は至るところで試みられています。けれど、僕が想像するのは書き手の想いを叶えるための「支援者」ではなく、「支援者」の願いを叶えるための書き手が生まれてくる可能性です。コミケを筆頭に日本には二次創作文化が強く根付いています。つまり、誰かが記したオリジナルの物語を自身の望んだ物語として延長させる「本歌取り」の文化が古えより残っています。そのパーソナライズした物語を書き記す者の存在感がより増してくるように思えます。相互コミュニケーションが活発になることでオリジナルと海賊版の距離が縮まると考えますが、これは今後の著作権のあり方と深く結びつく話になりそうです。

最後の「発見可能性」は、この本全体で伝えようとしていることと深く関係しています。多くの無料コンテンツが溢れんばかりに流れ続けるWeb上の大河で、一つのコンテンツを発見し、価値を見定め伝達することが有効になっていきます。ケリーの本ではAmazonやNetflixに集積する読者レビューこそがそれらのサービスの肝となっていると書いてありますが、その大河のほとりでそれらの交通整理をするキュレーターの役割は人がどのように担っていくべきなのかを考えなければいけません。そして、それこそが、今後劇的に変わるシンギュラリティの世の中で、人間だからできる価値を確保する手段だと思えるのです。

【参考文献】

ユヴァル・ノア・ハラリ／柴田裕之訳『サピエンス全史』（上）（下）河出書房新社（2016）
トーマス・フリードマン／伏見威蕃訳『フラット化する世界（増補改訂版）』（上）（下）日本経済新聞出版社（2008）
アンドリュー・キーン／中島由華訳『インターネットは自由を奪う』早川書房（2017）
トマ・ピケティ／山形浩生・守岡桜・森本正史訳『21世紀の資本』みすず書房（2014）
マーシャル・マクルーハン／栗原裕・河本仲聖訳『メディア論——人間の拡張の諸相』みすず書房（1987）
ライゾマティクス作／東京都現代美術館監修ほか『ライゾマティクス＿マルティプレックス』フィルムアート社（2021）

4時間目

ワインバーでも差し出し方について聞いてみました

――「HIBANA」サービスマン　永島 農さんの場合

「差し出し方」とはサービスである

幅　今回はカウンターの内側から一杯のワインを提案してくれるソムリエ／サービスマンの「差し出し方」についてうかがいたくて、お時間を頂戴しました。

永島　よろしくお願いします。

幅　永島さんが以前に働かれていたお店（フェリチタ）が弊社の事務所から近かったこともあって、何度も通わせていただきました。ご自身のお店であるHIBANAをオープンしてからも、足しげくこのカウンターに寄らせていただいている内に、とにかく僕、永島さんのカウンターの虜になってしまったんです。

僕はブックディレクターとして、誰かがつくった本を並べ、それを目

フェリチタ
東京・表参道にあった一軒家のイタリアンレストラン。2017年春、閉店。

の前を通りすぎるあの人に届けるという仕事。永島さんはソムリエとして、生産者がつくったワインを目の前のあの人、この人にサーブしながらご自身のお店をつくりあげている。そういった部分で、親近感を覚えておりまして。というか、もっと正直に告白すると、この店で飲む一杯が、なぜか特別においしくて。

ワインの差し出し方の妙といいますか、サーヴのタイミングや出されるワインの順番など、やたら気持ちがいいんですよね、このカウンター。今日はそのあたりを解き明かすことができればと思います。まず、永島さんがソムリエを志したきっかけを教えていただけますか？

永島　実は僕、「あなたの職業は？」と問われたら、ソムリエではなく、「サービスマンです」って答えています。こうしてバーもやっていますが、バーテンダーでもなければ、ソムリエでもなくて、サービスマンなんです。僕自身の意識としては。

アルバイト時代を含めて、ずっとイタリア料理をやってきたんです

永島 農
四谷三丁目・荒木町「ＨＩＢＡＮＡ」店主。ソムリエ／サービスマン。１９７４年、東京都生まれ。高校時代からイタリア料理店でのアルバイトを経験。六本木「サバティーニ」、麹町「スカーラ」、代官山「キアッケレ」、表参道「フェリチタ」を経て、２０１７年９月にワインバー「ＨＩＢＡＮＡ」をオープン（紹介制・要予約）。

が、「イタリア料理」のなかでワインが占めるパーセンテージがとても大きくて、お客様に喜んでいただくサービスの一つのツールとして、ワインを勉強するようになりました。

幅 ベースにサービスがあって、そのための道具の一つにワインがあるということですね。ちなみに、ソムリエである前にサービスに一番のプライオリティを置くようになったきっかけって、何かあったのでしょうか？

永島 子どもの頃、地元に個人オーナーがやっているイタリア料理店があって、両親にその店に連れていってもらったときの時間が好きだったんです。働くお兄さん、お姉さんが恰好よくて、すごい素敵だなと思って。彼らに対する強い憧れが生まれて。後にそのお店でアルバイトをするようになりました。

幅　それはすごいですね。心の一軒ですね。

永島　そうなんです。残念ながらもう閉店してしまっているんですけどね。オーナーが自分の父親と同じくらいの年齢で、その方の下で働くようになってから「あっ、サービスっておもしろいな」と思うようになりました。

幅　料理人ではなくて、サービスに目がいったところが永島さんのおもしろさだと思います。

永島　僕は企業に就職したこともありませんし、本当にサービスしかやらないで今まで生きてきました。たぶんそれしかできない（笑）。

幅　永島さんがご両親に連れていってもらっていたレストランのサービスマンであったお兄さん方、子ども心にどんなふうに見ていたか覚えていますか？

永島　この人たちはただ料理を運ぶ人じゃないんだなって感じていましたね。

幅　それが子どもながらにもうわかっていたんですね。

永島　はい。いわゆるレストランって、注文して、料理が運ばれてきて、それが美味しければ満点みたいなイメージがあると思うんですけど、その一連の流れのなかで料理の味とか、飲み物の味にサービスマンがプラスαお客様に喜んでいただけるポイントを加味できるということを教えてもらいました。自分もそうありたいと思って、なんとなくやってみて。で、楽しくなって。

そのお店が閉店してしまったあとは、六本木の超高級店でアルバイトをするようになりました。そうしたら、そこがめちゃめちゃ厳しかった。仕事のレベルがちょっと違う。

幅　アルバイトにも厳しかったんですか？

永島　はい。もう本当に厳しくて。要は、地方の高校野球で頑張って、そこそこ行けるなと思っていたのが、いきなり甲子園クラスにぶっ倒されるみたいな経験でしたね（笑）。

でも、それはそれで一つ大きな転機になって、お金をいただくサービスとは何なのかを考えるようになりました。レストランによっては、例えば「サービス料10％」としているお店がありますが、2万円のワインを1本開けたら、お客様から2000円いただくということですからね。六本木のそのお店で働くようになって、サービスでお金をいただくということに対するプロ意識が生まれました。

「いってらっしゃい」と差し出す

幅　お金をいただくサービスって、具体的に永島さんはどういうことだと思われていますか？

永島　レストランないしバーとして提供しているものに対して、お客様に満足していただくのは大前提です。さらに、その場所、お店全体の空気をつくるということでしょうか。

僕がお預かりしているのは、お客様の貴重な時間です。一日24時間しかないなかで、例えばうちのお店でのんびり4時間過ごされたら、その6分の1。お客様は一線でお仕事されている方たちばかりですから、そんな方たちの明日の糧になる時間と空間をつくるにはどうしたらいいのか、大袈裟でなく考えています。

幅　さらにサービスマンの特徴として、料理人がつくった料理をお客様に最後に手渡す役割というのがありますよね。そこにはどんな意味合いが含まれているのでしょうか？

永島　いわゆるリレーのアンカー、最終走者ですからね。料理人より美味しい料理をつくれるわけではありませんし、その日の食材の状態、特徴を料理人よりも把握しているということもありません。ですから、それらの情報を含めて、料理人の気持ちから息遣いまでをテーブルのお客様に伝える役割を全うすべきだと感じています。

幅　なるほど、伝達者として。確かに、美味しいものを食べたい、よい時間を過ごしたいというお客さんの前に、いきなり料理人が現れて「今この時期のこの魚は〇〇で獲れて…」という説明と圧力があまりにも強すぎると、お客さんにとっても気持ちがいいか否か、分かれてくる可能性がありますよね。

永島　そうですね。そうなってくると、お客様の時間を預かっているという感覚とはちょっと違ってくると思うんですよね。サービスマンは、料理人とお客様との間の同時通訳のような存在とも言えるでしょうか。

若い頃は、お客様に提供する以上はワインに関しても、そのすべてをわかっていないといけないと思っていました。でも、それって突き詰めていくと、酸度だったりpHだったりの話になってくるんです。

幅　化学の話。

永島　はい。でもそれは、お客様に対して全く有効ではありません。人の魅力とかカリスマ度を数値化できないのと一緒で、ワインもそういうものです。

お客様一人ひとりにベストな状況でワインを楽しんでいただける時間を提供することが大前提で、むしろ僕はワインの前で自分をどれだけ消せるかがすごく大切だと思っています。恥ずかしながら、若いときには

pH
水素イオン指数。液体中の酸・アルカリの度合いを表す。

自分がこれを選んだとか、自分がこれを寝かせたとか、そういうエゴみたいなものがありました。ところが、自分を消して、「本当に素晴らしいお酒ですから、どうぞ（いってらっしゃい！）」と差し出せるようになってからの方が、お客様から店やサービスを評価していただけるようになったんじゃないかなと思います。

十数年前からやっていることは変わりません。でも、差し出し方が変わってきたんだと思います。すべてにおいて「いってらっしゃい」ができるようになったと思いますね。

幅　ワインを無理やり引率しなくてもよくなったんですね。

永島　もちろん、私もワインが大好きです。でも、お店に置いてあるワインは、お客様に飲んでいただくために生産者さんから預かっているものという感覚です。だからこそ、ワインの前では本当に謙虚でありたいと思うし、あまりわかったようなことも言いたくない。

好きだからこそ謙虚である、この二律背反が大事だと思います。

幅　僕も本を誰かに伝えるとき、自分では書けないわけですから、書き手に対するリスペクトと、それをこの場で伝えたとき、相手にどう届くのかを懸命に想像しようとしています。ちなみに永島さんは、ワインの作り手をどんなふうに捉えていますか？

永島　全員が全員、そんなにすごい尊敬すべき人間かっていうと、まぁ……（笑）。一口に生産者といっても、単にワインの作り手なのか、自分の表現としてワインをつくっているアーティストなのか、それともその土地、その年を表現したいのか、結構いろいろなタイプがいるんです。

でもやっぱり、自分のなかで最もシンパシーが持てるのは、その土地、その年を表現しようとしている人たちですね。

幅　永島さんはＨＩＢＡＮＡを始められてから必ず年に１回、生産者さんを訪ねるイタリアツアーを敢行されていますよね。店がずっと閉まってしまうから、常連客が禁断症状を起こしてしまうという……。

永島　生産地に足を運んで、リアルタイムで生産者に会う。その人の暮らしやそのときの状況を確認するって、すごい大切なことだと思っています。例えば、ある年に考えられないような大失敗をしたベテランの作り手がいるんですけど、その年に彼の身に何があったかというと、四男のベッドの下から大量のマリファナが出てきたという…。

でもそれって、すごくいいなと思って。それでワインを失敗するところが、自分としてはすごいきゅーんとくるんですよ。

幅　確かに、その正直さが人間として安心できますよね。逆に彼が工業製品をつくっているのではなく、自身の心持ちも乗せた農産物をつくっているという証明にもなります。

永島　はい。自分と同時に作り手も歳を重ねてきていて、毎年その人のワインが届くと、ちょっとした手紙をもらうような、そんな気持ちなんです。それをきちんとかみ砕いて、お客様にお出しするというのが僕の仕事です。

場の結び目

幅　僕もお客さんとしてＨＩＢＡＮＡに何度も通っていますが、お客さんの層が一枚岩じゃない。これが銀座や丸の内あたりの流行りの店だったりしたら、ある程度、着ている洋服やスタイル、収入や職業もなんとなく近しい感じになると思うんです。でも、ここはいろいろな方向に振り切れた愉快な人がたくさんやってくるカウンターですよね。

永島　ややもすると、紹介制のバーのカウンターって、ワインオタクみたいな人がズラーッと並んでしまうんです。

私のお店の場合も紹介制とは言え、一線で活躍しているようなトップランナーの方から、30歳になるまで女の子の手も握ったこともないっていう子までが一つのカウンターで一緒に飲んでいる。

幅 最高じゃないですか。

永島 自分としては、なかなかこれはやりたいようにできているなと。

幅 同じ空気を共有できる混沌って、僕もすごく重要だと思います。「容赦のない場所」っていう言い方をよくするんですが、本好きの人が集まるコミュニティに対して、「こういう本好きだよね？」って持っていくのは選びやすいし、受け入れられもするんですけれど、そうではなくて、本にほとんど興味がない相手に対して、どんな差し出し方ができるのかをいつも考えたいと思っています。関係なかったものが関係を持つようになり、その人の興味のなかに染み入っていくイメージという

か……。

永島さんが扱うワインの多様さと、カウンターに来るお客さんの多様さとが、ともするとぐちゃぐちゃになりそうなのに、遠くから引いてみると一応、太い結び目になってる。その秘密はなんでしょう？

永島　結局、みなさんそれぞれ味覚も好きな食べ物も違うし、好きなワインも違うわけですから、そのなかでどうアジャストしていくかは非常に大事なところです。

同じカウンターに座っていても、当然、お客様お一人おひとりの温度感は違うわけで、すごく気持ちのいい最大公約数みたいな温度にその場をできれば、全員気持ちよく帰れるんですよね。サービスマンとして、気持ちのいい温度をいかにつくるか。サービスは熱の交換だと思います。でもそれって、そんなに簡単な作業ではないんですけどね。

4名様でお越しになっていようが、1名様でお越しになっていようが、基本はｏｎｅ ｏｎ ｏｎｅです。一人ひとりにアジャストできれば

「あっ、ここは居ていい場所なんだ」って思っていただける。

お店として、こちらの決め事を提供するのは、とても簡単なことですが、そのなかでも工夫の仕方でお一人おひとりにアジャストできると思います。友人や一人間としてではなくて、サービスマンとしてアジャストするということ。そこは自分のなかでも特に大切にしています。

「コスパのいいワイン」って？

幅　ワインは時間軸が加わることで提供するときに重層感というか、厚みが増しますよね。本も、新刊と100年前に書かれた小説を一緒に扱うこともある。時空を超えて差し出すというような。

時間というものと、それをどういうタイミングで紹介するかということについて永島さんはどんなふうに考えていますか？

永島　それはもう、今まで飲んできた経験で判断していますね。そんなに緻密ではありませんが、味の放物線をなんとなくイメージします。買ったけどまだ開けていないワインは山ほどあって、素晴らしいものだけど、今ではない、今飲んでしまうと10ある魅力のうちの2しか伝わらない、ということがあります。これはやっぱり作り手に対して申し訳ない。

幅　昔から多くの人に読み継がれてきた古典のようなものを現代の文脈に差し込んでも通じるかもしれないと自身で実感できるようになったのは、仕事を始めて10年ぐらい経ったときでしょうか。時間が積み重なったものを見極め差し出すときには、自分が通り過ぎてきた経験と時間も大きく絡んでくると思っています。

ひょっとしたら、永島さんは自分とワインとの距離、もっと言うならワインの作り手との距離を測りきれているからこそ、的確なジャッジでそれを提案することができているのかなという気がします。

永島　とは言え、結局、自分がいかにその対象を好きでいるかということにつきると思うんです。HIBANAで扱っているワインはいわゆる「自然派ワイン」と呼ばれるものですが、僕のなかで大切なのは、ナチュラルであるということ以前に「発酵」という過程です。微生物の営みを人間がコントロールすべきではないという考え方です。

人間が自然に対して敬意をはらって、心を込めてつくっているまっとうなお酒を僕は差し出したいですね。実を言うと、あまり〝美味しい〟には固執していません。美味しいワインを探し求めていたときもあったんですけど、あるときからやめてしまいました。美味しいって、ただの一瞬の舌先の快楽でしかなくて、明日になれば忘れてしまいます。だったら味覚よりも、エモーションが動く本質的なワインを差し出したいって思います。

幅　なるほど。本も同じで、読んだときに自分のどこに刺さり、どう人を動かすのかが、最重要だと僕も思います。だから、「良い本を教えて

自然派ワイン
ヴァン・ナチュール（Vin nature）とも。ブドウの生産方法やワインの製造方法など、醸造過程においてもできる限り自然のままの製法でつくられたワインのこと。

ください」って言われていつも困るんです。ないですもん、良い本の定義とか。悪い本だってありません。人によって感じ方、受け取り方は違うし、それは食欲のように刻々と変わっていくものなので。今のあなたに「合う」、「合わない」という言い方しかできません。

永島　僕が何万回も聞かれるのは「コスパのいいワイン教えてください」です（笑）。

幅　消費者心理が先に立つこの時代、支払った貨幣分の価値があるのかとか、2時間読んだらその費やした時間分以上に得られるものがあるのかとか、その視点で測られてしまうと、僕たちのような仕事はそもそも仕事として成り立たなくなってしまいます。

ワインの価値を、コストパフォーマンスで測りたくなってしまう人に対して、永島さんはどんなリアクションをとっていますか？

永島　よく車に例えてお話してますね。３０００万円の車と３００万円の車、最高速度はどのぐらい違うと思う？　って。スピードは言うほど変わらない。

ものの価値というのは、それを判断する人がどこに主眼を置いて対象を見ているかですよね。それでも人間って、３００万円のワインは３０００円のワインの１０００倍、美味しいと思いたいんですよね。

幅　そもそもある「美味しい」の１０００倍って、どうやって測るんだっていう。

永島　美味しいというのは顕著に数値化できない世界ですからね。

幅　測り切れないところがありますもんね。

永島　わからなさって、すごく大事だと思います。人間の魅力もそうですよね。何回も会いたい人って、たぶんその人のことをわかりたいっていう気持ちがはたらくからですよね。ワインも一緒で、大切なのはわかることじゃなくて、わかりたいって思うこと。

幅　わからなさを遊ぶ。それを楽しめるって、すごい豊かですよね。

永島　そうですね。わからなさをロマンだと思えるかどうか。差し出し方って本当に難しいです。音楽の世界でもタイミングを間違えれば、どんな名曲もただの雑音になってしまう。

幅　本もそうです。直感的にそのタイミングが見えるときと、全然見えずに響かないときがあります。なんでしょうね、あれ。

永島　ソムリエの仕事にもＤＪ感を求められるようになってきたと思います、今の時代は特に。ソムリエとＤＪなんて、一見まったく直結しな

い仕事ですけどね。

幅　でもＤＪたちは、オーディエンスの熱を絶妙に嗅ぎとるセンサーがあると思います。その感覚器官をどうカウンターの内側や書架の前で持つことができるか？　ともあれ、今日は普段カウンターで目にしている永島さんの所作に言葉をあてがってもらったような、そんな感覚でお話を聞かせていただきました。ソムリエの世界と、本の世界、もともとシンパシーを感じていたのですが、その思いがより強固になりました。また飲みに来させてください。

HIBANA
永島 農さんとの対話の後で

ワインの起源

永島さんからは、ワインという飲み物の差し出し手の話をお聞きしました。ここでは、そんなワインがなぜ特別な酒となったのか、さらに、サービスマンの仕事が創出された経緯についても追ってみます。

古代ワインの研究者であるパトリック・E．マクガヴァン[1]によると、約8000年前の遺跡から発掘された土器の破片に、発酵したぶどう果汁、つまりワインの痕跡が見つかったと言います。人類最古のワインの痕跡は、中央アジア・ジョージアにありました。

ワインとは、生のブドウ果汁を発酵させたものに過ぎません。欧州系ワイン用ブドウ（ヴィティス・ヴィニフェラ種）は高濃度の果糖を含み、果実を圧搾すると皮についている野生の酵母が糖を食べてアルコー

1　ペンシルベニア大学考古学人類学博物館の分子考古学者。中国の賈湖遺跡の土器から、約9000年前という、これまでに確認されているなかでも最古の発酵飲料の痕跡を見つけた。著書に（藤原多伽夫訳）『酒の起源』白揚社（2018）がある。

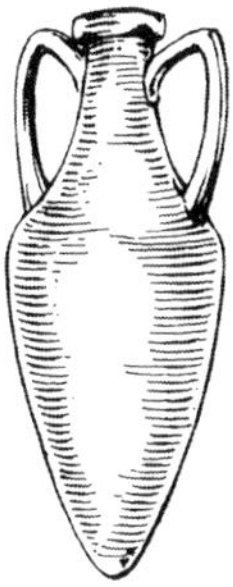

Wikimedia commonsより

2　古代ギリシャの壺。2つの持ち手がつき、胴にふくらみを持つ。ワインのほか、オリーブオイル、水の運搬や貯蔵に用いられた。

ルに変えます。そして、副産物として二酸化炭素を放出するという至ってシンプルな飲み物です。永島さんが語っていた「自然派ワイン」とは、ワインを文脈や蘊蓄《うんちく》から解放して、こんな潔いものへと還すものなのだと思いました。

さて、遊牧型の狩猟採集生活から定住型の農耕生活に移行し始めた8000年ほど前のコーカサス山脈南麓周辺から、ブドウの木はアナトリア（黒海と地中海に囲まれた地域）へ、アジアへ、地中海へと広がり、瞬く間にワインは人びとにとって特別な飲み物となりました。

最初はきっと、たまたまだったのでしょう。他の食物と同じように採集した野ブドウの食べきれなかった分が皮の酵母の働きで自然に発酵し、それを口にした人間は不思議と愉快な気持ちになり、気分を変容させる効果もあった…。人類初の酩酊は、偶然がもたらした神の恵みです。

ところが、人類文明の発達によってワインのあり方は随分変化しました。例えば陶器の発展。アンフォラ[2]製の大型容器にブドウ果汁をたっぷり入れて発酵させ、できあがったワインを小さな器に入れて貯蔵するようになると、偶然ではなく意図を持ってワインという飲み物がつくられるようになりました。もちろん、その途中には野生ブドウを栽培種に改良したり、醸造システムの試行錯誤が続いたのは間違いありません。

しかも、ワイン用ブドウが生息できる地域と人類文明の発展史の地図が重なると言えば、それがただの飲み物ではなく文化の一部として機能していたというアイデアにも説得力を持たせてくれるでしょう。日々の嗜好品としてだけでなく、地中に埋めて冷蔵保存し、宴会や儀式、共同体の行事や宗教儀式のためにワインが飲まれるようになったのです。

ソムリエの誕生

もちろん、（偶然生まれたワインではなく）人の意思を持ってつくられるワインを美味しくしようとした場合、多くの労力が欠かせません。ブドウの木を育てるところから始まり、収穫、運搬、圧搾、発酵、保存と数多ある工程を極めれば極めるほど、それは尊く高価なものになっていきました。紀元前3000年のジョージア南部の古墳では、権力者が来世に運んでいくために銀メッキを施したワイン容器が見つかり、アッシリアの浅浮彫にはブドウのアーチの下でワインを傾ける王の姿が描かれ、おそらく野生ブドウは自生していなかった古代エジプトの墓の壁画にもワインづくりをモチーフにした絵画作品が確認されています。エジプト第18王朝の王であるツタンカーメンの墓には、産地と生産年が刻まれたワインのアンフォラが26個も見つかり、歴代のファラオたちにもそれが愛されていたことが窺い知れます。偉大な王たちにも酒呑みとして急に親近感が持ててきました。

さて、時代を一気に進めます。中世になっても王たちはワインを愛しました。そして、そのワインを給仕する仕事がソムリエの出自だと言われています。中世のフランスにおいて、王の飲食物管理や毒見役を担った食事係を「officier de bouche」と言いますが、彼らが引いていた荷車＝「sommier」が「ソムリエ」の語源だと言われています。ちなみに、ベネディクト会[3]がブルゴーニュ地方全域にまたがる広大なブドウ畑を所

3 カトリック教会最古の修道会。

持していた中世フランスのキリスト教修道院では、ブドウ栽培とワインづくりが日々の重要な仕事として考えられていました。

19世紀になると、パリのレストランではワインを専門に担当する現代のソムリエ的役職が出現します。ただ、このときは地下貯蔵庫にあるワインを樽から瓶へと詰め直すことがソムリエの大切な仕事だったのですが、その後は醸造元から直接レストランへ瓶詰めしたワインが送られるようになりました。それによって、ソムリエは地下貯蔵庫からゲストを迎えるメインフロアに主戦場を移し、お客のニーズを汲み取ってワインをサーヴする現代の役割に近い仕事を果たすようになります。しかしながら、第二次世界大戦の戦禍の影響もあり、1907年にできたパリ・ソムリエ組合の協会員は200人にまで減少してしまいました。

産業化したワイン製造

ところが1940年代後半から、ワインの復権は急激に進みます。2

回の大戦後、フランス国内だけでなくヨーロッパ各国でワイン製造の制度化が進み、国の産業としてワインという一次産業を後押し。世界各地でワインが飲まれるようになり、同時にその生産も産業化しました。

フランスでは1947年に国立原産地名称研究所（Institut National des Appellations d'Origine：INAO）[4]が発足し（改称前のCNAOは1935年から）、原産地統制呼称制度（Appellation d'Origine Contrôlée：AOC）[5]が制定されました。原産地保護のために原料の偽装を取り締まるこの法律による統制・管理のもと、フランスのワイン造りは繁栄してきたと言えるでしょう。

ところが、この法律が近年のワイン造りを窮屈なものにしている側面もあるようです。AOCはそもそも土地の区画ごとのワインの個性を守る目的でつくられた制度なのに、その認証があることでワインが高く取引されるようになると、状況が変わっていったのです。

そんななか、大量につくり、且つ生産効率をあげるため1960年代にブドウ畑へと持ち込まれた化学薬品の蔓延は、1990年代にピーク

4　AOCワインの条件を制定し管理する公的機関。原産地名称の保護がその目的。
5　EU法が規定する食料品の原産地名認定・保護のための制度。フランス産のワイン、チーズ、バター等に与えられる認証。AOCの基準を満たさないものをAOCで規制された名称で、製造・販売することは違法とされる。

を迎えたと言います。除草剤の乱用により土壌のなかの微生物が少なくなり、根は横に広がるのみで深くのびず、結果としてブドウの樹を弱めることになります。その樹の傍には化学肥料が持ち込まれ、病気にかかりやすいため殺虫剤が撒かれ、できるブドウ果実も虚弱で酸化しやすいゆえ醸造の過程で、酸化を抑制するSO$_2$という亜硫酸塩（二酸化硫黄）を添加します。

そして、本来は自然の発酵に任せる農業の一環だったワイン製造が、どんどん人為的で画一的な工業製品化の道を辿ってしまいました。土地の、区画のキャラクターを守ることに拘りすぎるあまり、そこに新しく生えてくる1本、1本の樹々や果実、酵母のオリジナリティが損なわれることになったのです。

人間がコントロールしないワイン

そんな折、できるだけ有機的な栽培方法で育てたブドウで、なるべく人為的介入をなくしてつくろうとしたワインが「自然派ワイン」や「ヴァンナチュール」と呼ばれるものです。このような、より単位の小さなワインづくりは、1990年代から挑戦している作り手もいますが、日本で一般的に知られるようになってきたのは2005年頃でしょうか。永島さんが差し出すワインは、産地はイタリア中心ですが、右記のようなやり方でつくられたワインを扱っています。

ただし、ヴァンナチュールの定義は（ある意味積極的に）定められていません。また、ルドルフ・シュタイナー[6]が提唱した太陰暦に従って農作業を行うビオディナミ[7]とも少し違います。ビオディナミは醸造よりもブドウ栽培に重点を置いており、EUのビオロジック常設委員会でもワイン醸造に関する規定が少ないようです。実際、機械による収穫や補酸、補糖、培養酵母の使用などは今でも容認されています。

一方、ヴァンナチュールはブドウの栽培（農業的側面）と醸造（科学的側面）の両面をしっかりケアしていこうという考え方が主流です。例えば、多くの自然派ワイン生産者が名を連ねるアソシアシオン・デ・

6 人智学運動の創始者。オーストリア、ドイツを中心に活躍した哲学者、教育者。

7 オーガニック農法の一つ。①有機肥料の使用、②活性化、③自然のリズム、④ブドウ畑に生息する生命体の維持、といった4原則を尊重している。

8 醗酵中のワインに果皮・種子を漬け込むことで、渋みと色素が出てくる過程。

ヴァン・ナチュール（AVN）では手摘みの収穫や野生酵母による自然発酵といった基準を定め、規定値以下のSO_2以外のすべての添加物、瞬間高温滅菌、加熱マセラシオン[8]などを禁止しています。

とは言え、例えばワイン頭痛の原因などとも言われ、悪名高きSO_2でもヴァンナチュールの生産者によって捉え方は様々なようです。事実、SO_2は悪いバクテリアの繁殖を抑え、品質の安定化のために昔から使われてきましたし、現在世界中で流通するほぼすべてのワインに添加されています。もちろん、「ヴァンナチュール」と呼ばれるものにもわずかながらSO_2を添加してあるものもありますし、それを加えるタイミングも発酵前なのか？／出荷前なのか？によって影響が変わってきます。

それらの扱い方について、ルールを固定化せず、日々考え続けていくというのがヴァンナチュールを造る生産者たちのスタイルのようです。確かに彼らは、人の都合でワインを発酵させるのではなく、ゆっくりと微生物のペースで発酵を進めることをよしとしています。そんな大前提を踏まえつつ、個々人がよきワインについて考え、畑と醸造所で毎日試行錯誤を繰り返してさえいれば、呼び名などには囚われないというのが正直なところなのでしょう。

イタリアの名手、ジャンフランコ・マンカ[9]が造るパーネヴィーノは「そもそもワインとはブドウだけで造る極めてナチュラルなものゆえ、ナチュラルという形容詞をつけること自体が間違っている」と「Vini Liberi（自由なワイン）」を名乗っていますし、N.Y.のワインジャーナリストのアリス・フェアリングは『Naked Wine』というタイトルの著作を出版しています。

9 ヴァンナチュールの作り手。代々受け継いできた畑で1986年にブドウ栽培を始め、1994年からは公式にワイナリーとしての活動を開始。

居心地をつくる仕事

さて、そんなワインの差し出し方ですが、永島さんのお店「HIBANA」は個人経営店であること、1人でオペレーションを切り盛りしていることが鍵なのだと思います。彼はどんなに忙しくても、一人ひとりのゲストにワインを注ぎ、いつ準備していたのかわからない程スムーズに、まるで魔法のように料理をつくり、目の前のワインとマッチングさせてくれます。

会社という大きな組織ではなく、1人の農耕者としてワインの作り手が日々考えながら生み出す液体を受け取り、差し出すとき、差し出し手も同じ目線の一個人であるべきだと考えます。いえいえ、別に皆で会社を辞めましょうという話ではありません。所属している会社がどんなに大きくても（その規模とは関係なく）、1人の人間が凝縮し、滲み出ているものを伝えるときは、伝え手も一人称を全開にしないと相手には届かないということです。前述のフェアリングさん風に言うなら、ちゃんと脱がないと伝わらないということでしょうか？

また、それはソムリエではなく、サービスマンでありたいという永島さんの姿勢にも呼応しています。ワインだけでなく、カクテルをつくることもありますし、料理もつくる、さらに言うならカウンターの居心地をもつくるというのが、彼の仕事です。それに加え、店内に掛けられているマリオ・ジャコメッリ[10]の写真が、流れる音楽が、たまに動き出す蓄音機が、照明が、マルニ木工の「HIROSHIMA」という椅子の座り心地が「HIBANA」という彼の世界をつくっています。

しかもその世界を、自身を消しながら構築したいと願う点に永島さんのプロフェッショナリティはありました。主役であるワインと、その生産者の言葉や息吹を伝えるための装置として、四谷荒木町の雑居ビル3Fにある小さなスペースは最適化されているのです。しかも、差し出し手の作為を感じさせないくらいの自然さで。

毎年10月〜11月の葡萄の収穫時期に合わせ、永島さんはイタリアに渡ってワインの生産者たちを訪ね歩きます。その3週間の時間のなかで一人ひとりのワイン造りを見て、彼らと話し、そしてワインや料理を味わいながら、自身を消してもなお溢れる「伝えるべきこと」を獲得しているのだと思います。

「サービスは熱の交換」だと永島さんは言いましたが、「差し出し方」というコミュニケーションもまた「熱の交換」であることは間違いあり

10 イタリアの写真家。マルケ州セニガッリアを拠点に、日常のなかに潜む「生」と「死」を強いコントラストのモノクローム写真で表現した戦後の写真界を代表する作家の一人。

ません。しかも永島さんは、差し出し手としての独りよがりや自己承認を超えた部分を扱おうとしている人だからこそ、「美味しいよりも心動くワイン」を伝えられるのでしょう。だからこそ、そのカウンターに人が途切れることがないのです。

【参考文献】

パトリック・E．マクガヴァン／藤原多伽夫訳『酒の起源』白揚社（2018）
勝山晋作・土田美登世『アウトローのワイン論』光文社新書（2017）
イザベル・レジュロン／清水玲奈訳『自然派ワイン入門』エクスナレッジ（2017）
中濱潤子・FESTIVIN『ナチュラルワイン』誠文堂新光社（2019）
鈴木純子『自然派ワインをはじめよう』KADOKAWA（2022）
アリス・ファイアリングほか／村松静枝訳『土とワイン』エクスナレッジ（2019）
山本博『ワインの世界史』日本経済新聞出版社（2018）

第 II 部

BACHの仕事から見る
差し出し方の多様

昼休み　ブックディレクションとは何ですか？

さて、第Ⅰ部で会いに行った4人の「差し出し手」のお話、いかがだったでしょうか？　博物館で仏像や銅鐸を照らす光の話、動物園で生態展示をすることの意味、Ｗｅｂの世界と現実を繋ぐ情報の差し出し方、そして、目の前のお客さんに一杯のワインを注ぐ、その熱量について。出版や本をとりまく業界とはまた別の場所で奮闘する「差し出し手」の言葉に、僕自身、ときに深く頷き、そして励まされました。

後半戦では、舞台を本の現場に移し、「差し出し方」のメソッドを見ていきましょう。ここからは、ＢＡＣＨが関わった本の差し出し方についての話が続きますが、まずは僕の仕事の初期衝動について、少し書いてみます。

そもそも僕は青山ブックセンター六本木店という書店で2002年ま

で働いていました。ちょうどアマゾンの日本法人ができたタイミング（2000年）とも重なっています。当時のインターネットは、まだ電話回線みたいな細い容量の接続しかなく、まさか皆がそこで本（だけでなく様々なもの）を買うようになるなんて、思いもよりませんでした。現場も呑気なもので、「アメリカの書籍通販屋さんがやってくるらしい」と他人事のように話していた記憶があります。ところが、回線の拡大とともに、あれよあれよという間に市場はネット書店に奪われていきました。毎日の売り上げは、軒並み下落。かなり驚きました。けれど、その当時、僕が一番危惧していたのは、日々の売り上げよりも来店客数の減少でした。

本は著者以外の誰かに読まれて、初めて本たり得る。僕はずっとそう考えながら今の仕事をしています。けれども、書店なら来店客、図書館なら来館者が減っていくと、本が誰かの手に取られ、読まれる可能性がどんどん減っていくことを意味します。そして、それが続くことで、書店や図書館が熱気のない冷たい場所になってしまう危うさを直感したのです。

リアルな本屋に行って、本を触らない人はいないと思います。触れずに選べる人ならスマホの画面上で充分です。そして、そのインターフェイスでの判断が最良で能率的だと考えている層が増えてきているのもわかっています。が、僕の場合は知らない本について知ろうとするときどうしても、五感を総動員して紙束と向き合う方がしっくりきます。

タイトルも著者も知らないけれど、「なんだかこの1冊が気になる」という不思議な引力。それは、本を手に取り、表紙を眺め、ぱらぱらページをめくるゆえ生まれてくる身体的な興味喚起です。そして、そんな本との関係には奇妙な熱のようなものが宿るのではないかと僕は感じています。僕は霊的なものには全く縁のない人生を歩んできましたが、この熱に関しては職業的実感がこもっています。

たぶん、紙の本は立体的な器なのでしょう。デジタルのデータに換装された瞬間に消失してしまう類いの熱を保温することができる容器は、読み手の願いや期待、不安や苦しみを受容するだけでなく、書き手の言霊をも孕み、両者を交わらせるものです。そしてそれは、誰かの視線や思考に晒され、撹拌されることによって温かくなるものだと思っています。だからこそ、リアルな本の場所は、冷たいところにしてはいけないのです。誰かの数分の立ち読み。本棚を前にした誰かの期待や迷い。そんな小さな微熱を積層させ、本の場所全体を包む大きく温かいうねりをつくっていくことにやりがいを感じています。

そして、「本のあるところに人が来ないなら、人のいる場所へ本を持っていく」と僕がよく言っている理由もここにあります。そもそも、生き物にとって、温かくて、動きのある場所の方が愉しく健やかな場所だと思いませんか？

ブックディレクションを成立させる要素

というわけで、僕は様々な人と場所のために本を選んで持っていき（選書）、棚に本を並べる（配架）という仕事をしています。その選書と配架が「ブックディレクション」の基礎です。けれど、今の時代は没入に時間の掛かる本に興味を持ってもらうことが、どんどん難しくなっている現実があります。ゆえ、一冊、一冊が誰かの元に届く可能性を高めるため、本の「差し出し方」を考える必要が出てきているのです。本の分類をユーザーにわかりやすく認知させるサイン計画、「気がついたら読んでいた」というような場所の居心地を実現させるための空間・家具計画、本のある施設全体の認知を広め、コミュニケーションを促すためにロゴやアイコンをつくるアートディレクション計画、現場で未だ見ぬ読者に直接本を手渡す人（司書や書店員）に対するコーチング。などなど、ブックディレクションの領分は、本が人に届きにくくなるのと反比例して、多岐に渡るようになってきました。

かつて、六本木の書店に勤めていた頃は、最も目立つ平台にドンと本を積んでおけば、誰もがそれを手に取り買っていってくれたものです。けれど、その頃を懐かしがってばかりいては、本の世界も前に進んでいきません。日本だけでも年間7万タイトル弱の新刊が生み出されている現在、その交通整理をしながら、人と本のよき媒介者として動いていかなくてはなりません。また、実際に今はデジタルライブラリーの構築に関する相談が多くなっているのも事実です。コロナ禍を経て、オフラインとオンラインが融合して新しい働き方が進んでいったように、本の世界のリアルとデジタルのよき点をどうやって融合していくかを考えていくことにも興味を持っています。

【ブックディレクションを成立させるための要素】

コンセプトづくり
分類法の考察
インタビューワーク
選書
配架計画
サイン計画
空間・家具計画
アートディレクション

WebやSNSなど、コミュニケーション・デザイン
運用後のオペレーションや管理の設計

選書に正解はないけれど

選書に正解はありません。が、だからこそ「どうしてその本を選ぶのか?」ということを考え続けなければいけません。そして、本の取捨選択の精度を上げ、別の誰かやAIなどと異なる自分達「BACHらしい」選書リストを練り上げていく工夫をずっと探求してきたつもりです。

その際には、ある一定量以上の本の知識や、日々出版される本を読み続ける持久力はもちろん必要になります(厳密に言えば、僕はこのようなテキストを「書く」のは本当に苦手で、一方「読む」のは食事を摂るように気楽且つ自然にできるのですが…)。また、本の知識量や読書経

験も大切なのですが、僕自身は外から「何か」を投げ掛けられたときに、すぅーっと自身のなかにある幾つかの抽斗を開けることができる人の方が、選書には向いていると思っています。

ともあれ、選書というものは、当てずっぽうにしている訳では決してありませんし、残念ながら自分の好きな本を一方的に持っていってもおせっかいにしかならないものです。そして、自分の「好き」を表明し、承認欲求を充たすことがブックディレクションの仕事ではありません。では、ある1冊を誰かに届けようとするとき、どういうプロセスを経ているかというと、「実際の本を目の前に置き紹介しながら、読み手の話を聞く」ということがとても大事になってきます。

僕たちはこの過程を「インタビューワーク」と呼んでいます。その施設のユーザーとなる方を複数名ランダムに選出して、机上に並べた何十冊もの本を実際に手に取ってもらい、僕自身が語る本のイントロダクションを参考にしてもらいながら、どんな本を読んでみたいのか？　もしくは、なぜ目の前の本に興味が持てないのかを聞いていきます。アンケートでは、回答者の好きな本のタイトルを知ることしかできませんが、インタビューでは読み手にとって未読の本の話も進めていくことができ、潜在的な読者ニーズを聞き出すことができます。せっかくリアルな本の場所をつくるならば、やはり既知よりは未知の本に出会ってもらいたいものです。また、書籍タイトルや書誌情報が並んだExcelデータや表紙画像では、実際の本を手にしたときの感触や文字の大きさ、重さなどが伝わりませんが、それでは病院図書室のように身体的制約が選書に大きく影響する場所では、使いにくい図書コーナーになってしまいます。

そうして、実際の本を用い、直接対話をしながら、自身の勧めたい本と読み手との距離を縮めていきます。冒頭にも書きましたが、選書に正解はありません。だからこそ、僕はこうしたインタビューワークを通じて、まず一人目の読者を見つけたいと思っています。皆がいいという本ではなく、一人目の読者に刺さって抜けなくなる本。そんな1冊を探すことで、「おせっかい」が「親切」に変わる境界を見つけることができる始発点になるのではないかと思っています。

ロバート・L・スティーブンソン／坂井晴彦訳『宝島』福音館書店（1976）

インタビューワークの進め方

その境界について、例え話を一つしましょう。ある本のイベントで、僕が小学生20～30人に直接話しながら児童文学作品を紹介するという機会がありました。小学3年生から6年生の男女は、ふらり1冊の本を手にしてやってきた「本の仕事をする知らない人」を、いぶかしげに眺めています。僕が手に持っていたのはロバート・L・スティーブンソンの『宝島』という作品。寺島龍一が挿画を担当している福音館古典童話シリーズの1冊でした。

これは、愛知県津島市という僕の実家近くの駅前書店で買った思い出深い1冊。当時水泳少年だった僕は、なぜかこの海洋冒険譚にはまってしまい、何度も何度も読み返しながら自身と主人公の少年ジム・ホーキンズを重ねたものでした。

そんなことを、会場の小学生たちに向かって熱く話したわけですが、残念ながらみんなぼーっと退屈そうにしています。この時点で、僕の話はおせっかいの域を超えていません。ここからが腕の見せ所、対話で互いの頭のなかにある本についての距離を縮めていきます。

「わかった。この話はちょっと置いておいて、ほかの海賊の話をしよう。みんなの好きな海賊の話を教えて」と言った途端、子どもたちは急に目を輝かせながら「『ONE PIECE』[1]!!」と声をあげました。彼ら、彼女らは個々の『ONE PIECE』の好きなところを愉快に話してくれます。が、それで『ONE PIECE』全巻を選書するだけでは、さすがに仕事と呼べません。ここで大事なことは、『ONE PIECE』と、本来僕が推したかった『宝島』の結び目を探すことが重要でした。

実のところ、『ONE PIECE』も『宝島』も史実の海賊史と海賊の物語の系譜に基づいていますから、登場人物の名前や造詣も部分的に似ています。「『宝島』に出てくる片足のコック、ジョン・シルバーは『ONE PIECE』における麦わら海賊団のコック、サンジの師匠であるゼフのモデルかもしれないよ?」とか「シルバーって言えば、『ONE

1 尾田栄一郎による少年漫画。海賊王になることを夢見る少年ルフィを主人公とする海洋冒険ロマン。1997年より『週刊少年ジャンプ』(集英社)にて連載開始。2015年には「最も多く発行された単一作家によるコミックシリーズ」としてギネス世界記録に認定されている。

PIECE』だと、海賊王ゴール・D・ロジャーの右腕だったシルバーズ・レイリーだよね?」などと話すと、今まで自分たちには関係ないと思っていた『宝島』が小学生の彼らに少し近づきます。

そもそも『宝島』もフリントという船長率いる海賊団が密かに隠した財宝を主人公のホーキンズ少年が仲間と探しに行く話です。航海上の冒険や紆余曲折、仲間の裏切りなど、『ONE PIECE』と関連づけられそうなポイントを少しずつ説明すると、先程まで残酷なほどに無関心だった子どもたちが、ちょっとだけ興味をひらいてきます。僕は、こうした距離のつめ方を、「結節点をつくる」と言っています。その結び目は、差し出し手が伝えたいものと関係がなかった人を、対象に近づかせる第一歩になります。

これだけものや情報が溢れる時代に、すべての物事に立ち止まって吟味をしていては、ちっとも前に進んでいく実感が得られません。それは、大人だけでなく、子どもたちも同じです。彼らは、動物的直感も駆使しながら自分に関係ないものを掻き分けて、前へ歩んで行こうとするのですが、そのときに彼らが両手を伸ばした範囲から溢れ落ちてしまう「関係ないこと」を、どうやって「関係あること」に変容させていくのかが、本という遅効のメディアを伝えるうえでは大切だと考えます。

「アニメしか見ないの？」ではなく…

また、そのインタビューワークでは、聞き手であり、本の差し出し手である僕らが、読者と同じ目線でいる必要も感じています。何年か前、ライブラリーづくりに関わったある女子高校におけるインタビューワークでは、ランダムに選出された生徒とのグループインタビューで、とにかく話が噛み合わずに大変でした。

本好きの子は少なく、多くの生徒は本を読む習慣がほとんどなく、なぜ読む必要があるかもわからない、そもそも、自分たちが、この本に関するインタビューに駆り出された意味がわからない、と散々なものでし

2　古舘春一による高校バレーを題材にした漫画作品。『週刊少年ジャンプ』（集英社）にて2012年から2020年まで連載。

た。ところが、そのインタビュー時の机の上に（僕たちは、インタビューをするときには50～100冊近くの本を持ち込み、触ったり、開いたりしてもらいながら話を聞きます）、偶然にもバレーボールマンガ『ハイキュー!!』[2]が置いてあったのでした。

部活関連のスポーツ本の1冊として持ってきていたのですが、そこから女子生徒たちの会話は一気に「ハイキュー!!」の世界になだれ込みました。主人公たちのライバルである青葉城西高校「及川徹のジャンプサーブに痺れる。腕もげる」とか、烏野高校の1年「月島蛍が覚醒する瞬間に号泣」とか、熱くたぎる純度100％のスポーツマンガは、彼女たちも読んでいるようです。と思って詳しく聞いてみると、どうやら彼女らはアニメーション作品で「ハイキュー!!」を楽しんでいたのでした。

ここで、「アニメしか見ないの？」と残念に思うか、「アニメは見るんだ！」と前向きに捉えられるかで、インタビューの濃度が変わってきます。僕は断然後者なので、アニメーションを起点にそこから結びつく本をどうやって探していくのかを、新しい世界をのぞくような気持ちでやっています。それこそ、その女子校でのインタビューで僕は、「本の仕事をしているのに『Fate Zero』[3]も読んでいないなんて、おかしい！」とある女子生徒にお叱りを受けたのでした。元々はシナリオライターの奈須きのこさんが脚本を書き、2004年にコンピューターゲームとして発売された『Fate/stay night』シリーズ。7人の魔術師（マスター）が7騎の使い魔（サーヴァント）と契約し、あらゆる願いを叶えるとされる聖杯を巡って戦いを繰り広げるダークファンタジーです。先述の『Fate Zero』は、その『Fate/stay night』の前日譚として虚淵玄さんによって書かれた幻の同人小説（その後、星海社文庫から出版）だったため、彼女は「読んでいないなんて、おかしい」と言ったのでした。

こういう仕事をしていると、あらゆる本に精通していると思われがちですが、実はそんなことはありません。読んでいるものは読んでいるけれど、読んでいない本も無数にあります。とは言え、こういうときが機会だと思い、『Fate Zero』を手に取ってみました。

3 TYPE-MOONから発売されたライトノベル。著者は虚淵玄。キャラクターデザイン・イラストは武内崇。ノベルゲーム『Fate/stay night』で10年前の出来事として断片的に語られていた「第四次聖杯戦争」の詳細を描く前日譚。

目の前の表紙を眺めると、普段自分が書店で手にする類の本ではありません。ところが、ページを開き読み進めると登場人物たちの思惑や覚悟が心に沁み、読者を驚かせる仕掛けと伏線に驚き、結局のところその「聖杯戦争」の顛末に一喜一憂して、すっかり虜になってしまったのです。この紙面を借りて、叱ってくれた女子生徒には「おもしろい本を教えてくれてありがとう」と感謝したい気持ちです。

さて、そんな風に彼女らが没頭している世界が垣間見えたら、その根っこを徹底的に掘っていかなくては仕事になりません。『Fate/stay night』のゲームを手に入れ、3つのルートをクリアし、ほかの『Fate』シリーズのアニメやノベライズを読み込み、原作者の奈須きのこさんのインタビューなども調べます。なかでも『ゲームの流儀』[4]という伝説的なゲームの仕掛け人たちのインタビュー集には選書のヒントが多数あり、奈須さんが学生時代に日本のミステリー「新本格」の潮流にはまっていた話や、そのなかでも綾辻行人さんの『十角館の殺人』[5]に大きな衝撃を受けた話、天野喜孝さんが挿画を手がけた『吸血鬼ハン

4　林和弘編『ゲームの流儀』太田出版（2012）

5　綾辻行人『十角館の殺人』講談社（1987）

ター〝D〟』[6]シリーズが『Fate』に与えた影響などを知ることができます。そして、それらが結び目となって、『Fate』好きの女子高生のための本棚ができあがっていくのです。

随分と長く実例について書いてしまいましたが、ここで言いたいのはこういうことです。自分が誰かに何かを伝えたいと思ったら、その誰かの愛する世界を学ぼうと思う姿勢が欠かせません。沢山の本を知っている人が知らない人に向けて、高いところから低いところへ何かを流すように伝えることは、礼を欠くだけでなく、現代ではコミュニケーションとしても成立していないと思います。本に限らず、何かを誰かに薦めるという「正解のない行為」を仕事にしようとするときは、常に他者から学び、自身を新陳代謝していくことが長く続けるうえで重要だと思います。日々の驚きと発見、これが楽しくて僕はこの仕事から離れられないというところがあります。

6 菊地秀行・天野喜孝(イラスト)『吸血鬼ハンター〝D〟』朝日文庫(2007)

7 昭和期の図書館司書。日本十進分類法の生みの親として知られる。

分類方法の再編集

それでは、僕たちBACHが、人と本の結節点をつくりやすくするために行っている工夫をご紹介します。

その一つが「分類方法の再編集」です。例えば、日本の図書館ではNDC（日本十進分類法）と呼ばれる分類法によって、本が並べられています。NDCは1928年に森清[7]が発表したもので、その後の日本の公共／大学図書館における本の並べ方の礎となりました。この戦前から続く分類法は、本一冊、一冊に対し、ずっと変わらないルールで丁目、番地を付けていきますから、これがあることで何代にも渡って本をしっかり保有し、アーカイブズとして継いでいくことができます。

必要な本が決まっている人は、その本の閲覧請求をすれば、変わらない分類法が安心して本を護り継いでいるので、滞りなくその1冊が出てきます。けれど、本の存在など忘れ、図書館の前を通り過ぎてしまっている人の足を留めるきっかけには残念ながらなりません。また、子どもたちのための本や、食に関する本、芸術として捉える建築本など、分類法の開発当時はあまり出版点数が無かったものの、現代ではすっかり定番になっている本がうまく収蔵できない、もしくはその既存の区分けでは収まりきらない多様さを持っている、という状況が生まれてきています。

ですから、例えばＢＡＣＨが開館プロジェクトに関わった大阪の「こども本の森 中之島」では、ＮＤＣをベースにしながら、子どもたちのために以下のような分類テーマを新しく設定しました。

①自然とあそぼう

屋外の広場から続いてくるこの本棚は、花や植物、木々、森、川、海、山、空の色、天体などあらゆる自然環境について深く知るためのジャンルです。また、その自然と人の関わりについて知るための本も揃います。

②**体を動かす**

サッカーや野球やダンスなど運動は好きだけど、普段はあまり本を読まない子どもにこんなテーマは如何でしょう？　スポーツのヒーロー／ヒロインの自叙伝はもちろん、ルールブック、技術書、そこから派生して、人の体について知る本などを選びます。

③**動物が好きな人へ**

犬や猫など身近なペットから、ライオンやクジラ、鳥、魚、昆虫など世界各地の生き物たち。また、過去に生息していた恐竜や幻の生き物も含め、陸・海・空、過去、未来の生きとし生けるものに関する物語や図鑑などを集めます。

④**まいにち**

毎日の生活について子どもたちに考えてもらうための本棚です。暮らしの中で気になること、学校のこと、友達とのつきあい、家族との関係など日々の気になることに対してヒントをくれるような本を集めます。

⑤**食べる**

誰にとっても身近な「食べる」ことについてのテーマを設けます。実際に料理を作るためのレシピやマナーブック、食べものに関する絵本、食育本、さらには台所道具や市場の本などあらゆる角度から日々の「食べる」について考える本を揃えます。

⑥大阪→日本→世界
大阪を始発点とし世界を知ってもらうための本を集めます。旅の本を中心としながら、大阪の名物や名所、歴史についてわかる本、日本の文化、さらには世界の文化に興味を持ってもらえるような本を揃えました。

⑦きれいなもの
絵画や彫刻などのアートの分野はもちろん、詩やファッション、宝石、幾何学（数学）など多種多様なジャンルからこの世に存在する「きれい」を集めます。いろいろな角度から「きれい」の多様性を知ってもらうための本棚です。

⑧ものがたりと言葉
このテーマでは、ものがたりと言葉について考える本を集めています。ずっと読み継がれている大きな物語や古典、ファンタジー長編、詩歌や俳句など言葉の重みや繊細さを感じてもらえるような本を選びます。また、子どもにも読める辞典など道具としての言葉に対する意識を高める本も選びます。

⑨未来はどうなる？

これからやってくる社会がどうなるのかを想像するための本を集めます。のりもの本を出発地点としながら、テクノロジーや産業の未来、宇宙開発技術、さらにはＳＦなど、世界の行く末を見通すためのテーマです。一方、過去を振り返るための歴史を学ぶ本や戦争などに関する人類史もこの棚に入ります。

⑩将来について考える

一人一人の子どもたちが、どんな大人になっていきたいのか考えるための本を集めます。子どもと大人の違い、仕事やお金について、夢の叶えかた、そして希望に満ちたこれからの時間について考えるための本棚です。

⑪生きること／死ぬこと

子どもにとって、最も遠いものである「死」を意識することで、逆に生きていることの実感が湧いてくるのではないでしょうか。生、死を扱った絵本や寓話や物語、詩などは多々あります。それらを前向きな一冊として包み隠さず子どもたちに届けます。

⑫こどもの近くにいる人へ

このテーマでは、子どもの近くにいる大人のための本を集めます。出産や子育て、教育に関する本など、親としての振る舞いや子どもとの距離感について考える本を選びます。多様になる家族の在り方もイメージしつつ、子どもの近くに生きる大人の悩みに寄り添った本を選びます。

この独自分類をつくる際も、常に頭の片隅に置いていたのはＮＤＣのことです。ＮＤＣの発案者森さんは本当に細やかに本を網羅していた方で、どの時代のどんな本も基本的にはすべてすくいあげ、どこかに本の仲間を探すことができます。僕は、新しくつくった独自分類をＮＤＣと見比べながら、ジャンルの見落としがないか？　仲間との関係が切れてしまう本がないか？　という確認作業を幾重もしました。それに加えて新しい分類は、時代に即したジャンルの切り口になっているか？　5年後、10年後でも通用する分類か？　読み手の興味喚起ができる言葉の組み合わせになっているか？　などといった視点を何度も通過させながら

8 写真家。『VOGUE』や『GQ』などのファッション誌に携わるほか、ショートフィルムも制作。

吟味していきました。

また、この分類方法の編集は、小さな規模の本の場でも機能します。例えば、愛知県長久手市にあるトヨタミュージアムのブックカフェ「CARS & BOOKS」がその例です。このミュージアムは、トヨタ車に限定せず、フォードのT型やロールス・ロイスのシルバーゴーストなどに始まる大衆車の歴史を俯瞰でき、名車と呼ばれる様々な車が全車しっかりレストアされ、走れる状態で保存展示されています。特に男の子とお父さんは永遠に居続けることができる、車好きにとっては夢のような場所です。実はそんなミュージアムの展示を見終わったゲストが休憩し、立ち並ぶ何冊もの車の本を読み眺めることができる場所が「CARS & BOOKS」なのですが、ここのある棚にはこんな風に（上段参照）本が並ぶ場所があります。

右側にある大判の写真集はコト・ボロフォ[8]の作品。彼は南アフリカの出身で、1990年代から英国のファッション写真の分野で活躍していた人です。彼は2000年代中盤にエルメスの工房の職人たちを撮った。[9]ことをきっかけに、世界中のアルチザンを撮影する機会が増えました。この『Rolls-Royce Motor Cars』[10]は、タイトルの通りロールス・ロイスの工場で車をつくる職人たちを撮り下ろしたものです。オートメーションで行われていると思われがちな車の製造工程で、人の手業や判断力がいかに仕上げに作用するのかを丹念に追っている1冊なのですが、実はこの写真集の傍にはこんな本が置いてあります。

『ちびまるこちゃん　わたしの好きな歌』[11]。これは皆さんご存知の国民的マンガの長編映画原作になっているものです。僕もさくらさんの作品は好きでたまに読み返したりもするのですが、実はあるページに目が留まりました。主人公まるちゃんの同級生に花輪くんというお金持ちの友人がいるのですが、彼の爺やが実はロールス・ロイスの運転手をしているのです。しかも、作品内では、その後部座席に乗せてもらったまるちゃんが感嘆のため息をもらしながら過ぎて行く街並みを眺め、また爺やに「お嬢様」と声を掛けられすっかりお姫様気分を味わっているという数ページがあるのでした。正直、この数ページは物語の大きな部分を

9　Koto Bolofo, *La Masion*. Steidl, 2010.

10　Koto Bolofo, *Rolls-Royce Motor Cars*. Steidl, 2014.

11　さくらももこ『ちびまる子ちゃん　わたしの好きな歌』りぼんマスコットコミックス（1993）

揺るがすような描写ではありません。けれど、確かにまるちゃんがロールス・ロイスに感動している。よし、今回の本棚では、この1冊を「ロールス・ロイス」ブックと見立てよう。そんな気持ちで、この2冊を本棚で隣り合わせたのでした。

ちなみにNDCで分類をすると、コト・ボロフォの写真集は7類の芸術書か6類の産業のコーナーに、『わたしの好きな歌』はマンガ作品のコーナーか9類（文学）のさくらももこさんの作品群に加えられるでしょう。けれど、このトヨタミュージアムの「CARS & BOOKS」では普段なら隣り合わない2冊を、この場所ならではの独自分類で提案することができています。『わたしの好きな歌』のロールス・ロイスのページには付箋が貼ってあるのですが、「なんでここにまるちゃんがあるの〜？」という疑問と共に、たくさんの女の子がページを開いてくれます。もっと言うなら、この場所は男性には支持される可能性が高いものの、女の子やお母さんが車を見ることに少しずつ疲れてくるという状況を現場で観察し、なんとか小さな女の子でも車に親和性を持ってくれる

1冊を探していたのでした。場所における人の流れや心持ちを慮りながら、ちょっとでも本が読まれる可能性を探る。その場所自体が愉しくなる背中押しを本が果たす。そんなことができたらいいなと考えながら、本の分類においても工夫することを続けています。

本の差し出し方において、ここまでは特に選書や分類について書いてきました。これに加えて、地域の地場に根付いた本の差し出し方や、差し出す空間に関する要素もブックディレクションにおいてはとても大切になってきます。本書の後半では、実際に僕たちが行った本のプロジェクトを通して、それらについて考えていきたいと思います。

【参考文献】

フィリップ・ジャカン／後藤淳一・及川美枝訳『海賊の歴史』創元社（2003）
桃井治郎『海賊の世界史』中公新書（2017）
もりきよし『日本十進分類法（新訂10版簡易版）』日本図書館協会（2018）

5時間目

温泉町での本の差し出し方

――NPO法人 本と温泉

「文学のまち」城崎の再生と『城崎裁判』

幅　同じものでも差し出し方が丁寧だと伝わるし、そうじゃなければ伝わらない。本書の前半では、博物館の展示デザイナーや、動物園の元園長、オンラインとオフラインを縦横無尽に行き来するクリエイティブディレクター、そして料理店のサービスマンまで、出版業以外の現場で活躍する差し出し手たちにお話をうかがってきました。

では、「本」はどんな差し出し方をすれば読み手に届くのか。ここからは、温泉街の観光客に、病院を訪れる患者さんとそのご家族に、保育園の子どもたちに、本を届けるために僕と一緒に奮闘してくださったみなさんとのお話から考えていきたいと思います。

はじめに、本の力が城崎温泉のまちづくりを動かした話からご紹介します。温泉街で小説『城崎裁判』の出版がどのように受け入れられたのか？　この本ができて、まちや人の往来に変化はあったのか？　ＮＰＯ法

大将伸介（写真左）
錦水旅館代表取締役。ＮＰＯ法人 本と温泉理事長（取材当時）。１９７６年、兵庫県生まれ。立命館大学卒業。城崎温泉旅館経営研究会会長としてＮＰＯ法人 本と温泉の立ち上げに参加し、ＮＰＯ法人 本と温泉理事長に就任（２０２０年まで在任）。

片岡大介（写真右）
株式会社三木屋代表取締役。ＮＰＯ法人 本と温泉理事。１９８１年、兵庫県生まれ。同志社大学卒業。志賀直哉の小説『城の崎にて』が生まれた宿、三木屋の10代目当主。

万城目学『城崎裁判』（ＮＰＯ法人 本と温泉、２０１４）

人　本と温泉のメンバーでもあるお二人にお話を聴かせていただければと思います。

そもそも、『城崎裁判』を出版するきっかけから紐解いていきましょうか？

大将　２０１３年は志賀直哉が城崎温泉を訪れてから、ちょうど１００年目の記念の年でした。城崎のまちには我々の旅館経営研究会をはじめ、商工会だとか、いろいろな団体があって、当時、各団体が来訪１００周年を盛り上げたいと思いつつも、それぞれバラバラな動きをしていました。

そこで、志賀直哉城崎温泉来訪１００周年記念事業実行委員会を立ち上げて、その枠のなかでいろいろな記念事業を実施することにしたんです。

片岡　でも、その具体的方法がわからなくて……。

ＮＰＯ法人　本と温泉

２０１３年の志賀直哉来訪１００年の温泉地文学を機に、次なる１００年の温泉地文学を送り出すべく、城崎温泉旅館経営研究会が立ち上げた出版レーベル。多くの作家、詩人、歌人が訪れた温泉地として、これからの１００年読まれ続ける新しい本づくりを目指している。

大将　そもそも城崎には「歴史と文学と出湯のまち」という枕詞がありますす。とは言え、実際まちを歩いてみても、文学碑はたくさんありますが、それがまちづくりや景観に活かされているかというと、そういうわけでもない。バブルの後は「カニと浴衣のまち」という新しい流れができて、それはそれで城崎を賑わす要素にはなっていたんですけれども、やはりもっと長い目で見たときに、城崎を知ってもらう要素として「文学」というものをもう一度見つめ直すべきなのではないかと考えました。

特に今は、インターネットで全国各地からお取り寄せができてしまうわけで、「城崎＝カニ」のブランド力も弱くなってきています。

片岡　冬のカニ目当てのお客さんだけで商売が成り立っていた時代から脱却するのに、文学は一つのチャンスになるのではないかと考えたんです。

志賀直哉

１８８３〜１９７１　小説家。宮城県生まれ。白樺派を代表する小説家のひとり。「小説の神様」として多くの作家に影響を与えた。代表作に『城の崎にて』『暗夜行路』等がある。

城崎温泉

兵庫県豊岡市城崎町にある温泉。平安時代から知られており、１３００年の歴史を持つ。幕末には新選組に追われた桂小五郎が城崎温泉に逃げてきたと言われ、明治以後も志賀直哉、有島武郎等多くの文豪が来訪した。

幅　いま日本全国の各地域が活性化のために、さまざまな商品開発を試みたり、ブランドやキャラクターをつくったりしているなかで、結局何が本当の強みになるかといえば、そもそも自分たちがこれまで立ってきた場所に積み重なっているものなのですよね。城崎の場合はその一つが文学だった。

片岡　とは言え、僕らには具体的な動き出し方がわからず、いろいろなところで「何かいい案ないですか？」って聞いて回っていました。そうしたら、震災を機に地元にUターンしていた田口さんが「ちょっとおせっかいしてあげようか？」って言ってくれて、本を使っておもしろい仕掛けをしている友だちがいるからということで、幅さんを紹介してくださいました。幅さんに初めて城崎に来ていただいたのが2012年でしたね。

幅　1月の終わりくらいに、僕とUTRECHTの元オーナーで現在は蒸

田口幹也
1969年、兵庫県生まれ。東京でベンチャーの起業、ショップのオープン等、企画やPR、営業など多様なキャリアを積む。現在は故郷である兵庫県豊岡市にUターンし、市の地域デザインに関わっている。元城崎アートセンター館長。

留家として活躍している江口さんとで行ったのが最初の城崎来訪です。
実際に来てみたら、松葉ガニも抜群に美味しいし、温泉も気持ちがいいし、若い女性が浴衣に下駄でカランコロンそぞろ歩きをしていて、仕事として来るにはなんていい街なんだろうと思いました（笑）。
でも、まちなかの本屋さんをのぞいてみたら、城崎温泉ならではのセレクトをしているわけでもないし、白樺派が充実しているわけでもない。これで「文学のまち」を謳うのはちょっと厳しいんじゃないかな、というのが最初の印象でしたね。

大将　もともと僕たちよりもシビアな視点で見ておられた。

幅　最初はそうでしたね。文学の言葉みたいなものが、ここに来るお客さんにはほとんど通じないんだという前提でプランを立てました。要は、本好き相手ではなくて、カニ好きに訴えかけるプランです（笑）。カニ目当てで城崎を訪れた人に何を言ったら文学の言葉を聞いてもらえ

UTRECHT（ユトレヒト）
2002年7月にオンライン書店としてオープン。その後、代官山、中目黒、表参道でのリアル店舗の開業を経て、2014年、渋谷区神宮前の現在の場所に。国内外のアート、デザイン、ファッション関連の希少本等、作り手の顔が見える書籍を中心に販売している。

江口宏志
UTRECHT（元）オーナー。1972年、長野県生まれ。現在は蒸溜家として千葉県大多喜町でボタニカルブランデーの蒸留所mitosayaを運営している。

志賀直哉が逗留した宿、三木屋のロビー。本棚にはBACHのセレクションによる本が並ぶ。

るのか。
志賀直哉が『城の崎にて』を書いたのが1917年なので、100年が経ちました。もちろん作品としては素晴らしいし、色褪せていない。リスペクトはしているんですが、その当時の作品を「読め、読め」と現代のカニ好きの胸元に押しつけてもおせっかいの領域を出ないんじゃないかと思いました。
でも、じゃあどうしたら、まちに来ている人に楽しんでもらえて、なおかつ城崎を「文学のまち」としてもう一度再認識してもらえるような足がかりができるのか？ そのためには、『城の崎にて』を現代版にアップデートしないことには始まらないのではないかという話をしました。

片岡　それで江口さんチームと幅さんチームに分かれて、二手で具体的に考えてみようということになったんでしたよね。

幅　江口さんが作ったのは豆本としての『注釈・城の崎にて』。志賀が

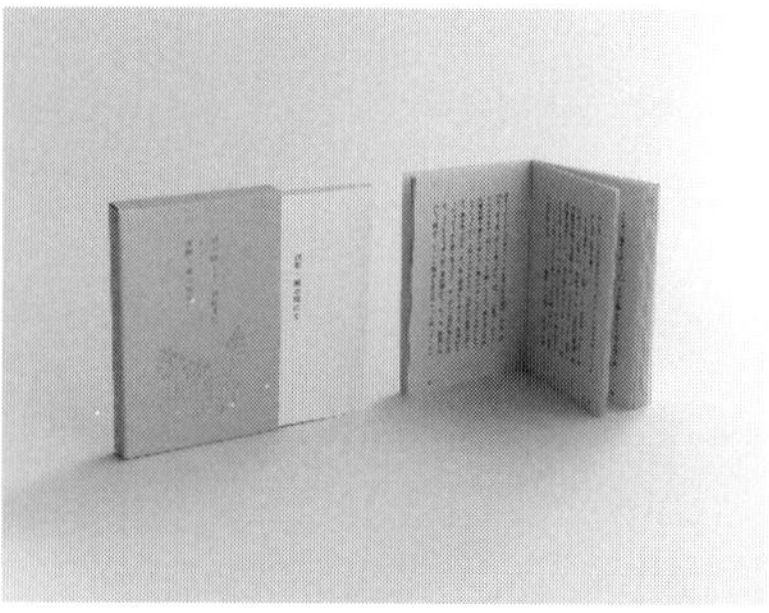
豆本『注釈・城の崎にて』（志賀の城崎来訪の記憶を記した『城の崎にて』と『注釈・城の崎にて』の2冊組）

当時どういう心持ちで城崎を訪れたのか、なぜ山の手線に轢かれたのか、オリジナルの『城の崎にて』に濃厚な注釈を添えたものをつくりました。

一方で僕らは、せっかく温泉街だから、城崎で本を読むのに一番気持ちがいい場所はどこかと言えば、お風呂でしょ？　ということで、防水の本をつくろうというところから始まりました。『城の崎にて』をそのまま防水加工の紙で出版することは、結局同じ本が２パターンの装丁で手に取れるだけで、城崎の文学を更新することにはならないと考え、城崎温泉に逗留した現代作家に新作を書き下ろしてもらう、というプランに進みました。

片岡　そのタイミングで、自分たちでＮＰＯをつくったらおもしろいんじゃないか？　という提案を幅さんからいただいて、それで「ＮＰＯ法人本と温泉」が発足したわけです。

幅　基本的に、本は出版社からじゃないと出せないと思われていますし、もちろんそうすればしかるべき流通ルートにも乗るので、全国の書店に配本されることになるわけですけど、でもせっかく城崎のまちに依拠した物語をつくるのに、それをわざわざ東京に持っていって、またこっちに持って帰ってきて売るのはどこか不自然、もう出版社つくっちゃえばいいよ、できるよ！　ぐらいの感じで。大変なことは1ミリも言わずに、いい意味で煽ってしまったというか（笑）。しかも、ネット販売もやめようと。

片岡　それで城崎温泉にある旅館の40歳までの若旦那衆が集まって、NPOをつくることになりました。

大将　僕たち旅館経営研究会、通称「二世会」は、これまでもお香をつくったり、城崎のまちのなかを歩くための湯籠をつくったり、外湯巡りとか、城崎を楽しんでもらうための仕掛けをいろいろと考えてきました。

外湯巡り
「外湯」（そとゆ）とは、旅館の中にある「内湯」（うちゆ）に対してつけられた名前。城崎温泉には7つの外湯があり、温泉客は浴衣に下駄で街をそぞろ歩きしながら、それらを巡るのが定番の観光スタイルとなっている。

でも、これまではあまり大きな継続事業をやれていなかったんです。今回、ちょうど１００周年事業という節目で、たまたまこういうご縁があって、アイデアもあったからやれたっていうのが一番でしたね。

地産地消の本づくり

幅　もともと僕と万城目さんはサッカーを通じて知り合ったんです。大阪で対談をする機会があり、はじめてお会いしたとき、鞄からアーセナルの筆箱を取り出した万城目学に僕はもう首ったけでした（笑）。僕の心のクラブですからね、アーセナルは。ものすごく乱暴に要約すると、それ以来のご縁です。

万城目さんには２０１３年の冬と２０１４年の春、２回城崎に来てもらい、志賀直哉も滞在した三木屋の26号室に宿泊していただきました。

万城目さんが城崎に逗留している間、なるべく万城目さん本人が一個人として自由にまちを探索できるようにしてもらいました。それによっ

万城目学
小説家。１９７６年、大阪府生まれ。京都大学法学部卒。『鴨川ホルモー』でデビュー。『プリンセス・トヨトミ』『悟浄出立』等、著書多数。

アーセナル
北ロンドンに拠点を置くプロサッカークラブ。愛知出身の幅はアーセン・ヴェンゲルが監督になった１９９６年からの熱狂的サポーター。

て、まちをニュートラルな視点で見ることができる。万城目さんの目を通して、おもしろいと感じたものをそのまま物語に入れ込むことができたんじゃないかなと思います。『城崎裁判』の文中に登場する「灯籠」だとか、「たらいのような桶」だとか、まちなかに実在するスポットがたくさん作中に登場するんですよね。

大将 万城目さんの文体で城崎の物語を読むと、まちの別の顔が見えてくるというか、ガラッと変わった城崎のあり方を見せてくれたと思います。すごくいい出会いでした。

幅 現代作家をキャスティングしようと決まったとき、かなり悩みました。志賀というと白樺派の重要人物で、すごく流麗な文体という印象が強いので、そのままの路線でいくと壁を越えられなくなってしまうかもしれないなと思ったんです。

万城目さんはもともと関西の出身で、デビュー作の『鴨川ホルモー』

白樺派
同人誌『白樺』を中心に起こった文芸思潮の一つ。主な作家に武者小路実篤、志賀直哉、有島武郎、柳宗悦がいる。理想主義・人道主義・個人主義を背景にした作品を多く発表し、大正期の文壇の中心的な存在となった。

で京都を書き、『鹿男あをによし』で奈良を、『プリンセス・トヨトミ』で大阪を、『偉大なる、しゅららぼん』で滋賀を書いています。関西を中心に、地場や歴史を取り込みながら独特の世界観がつくれる書き手です。ですから、城崎の場合も万城目さんならではの見方でこの土地の物語を書いてもらえるんじゃないかなと推察したんです。さらに、ある記事で万城目さんがずっと残したい自分のなかの定番小説に『清兵衛と瓢箪』を挙げていたのを読んで、この人なら志賀直哉や町とちゃんとつながれると確信しました。

　もちろん作家として人気と力量があることも重要な要素の一つですけど、志賀との接続、城崎の地場との接続がきちんとあって、しかもそれを現代人が読めるような新しいストーリーとして紡いでくれる人という意味で、絶妙なキャスティングだったなぁと今さらながら思います。

　でも本当に万城目さんの英断ですね。万城目さんのような作家が大きな出版社に原稿を持っていけば、初版で何万部の世界です。それをよくこんな小さな仕事を引き受けてくださいました…（笑）。ひょっとした

万城目学『鴨川ホルモー』（産業編集センター、２００６［角川文庫、２００９］）

万城目学『鹿男あをによし』（幻冬舎、２００７［幻冬舎文庫、２０１０］）

万城目学『プリンセス・トヨトミ』（文藝春秋、２００９［文春文庫、２０１１］）

万城目学『偉大なる、しゅららぼん』（集英社、２０１１［集英社文庫、２０１３］）

『清兵衛と瓢箪』
１９１３年に読売新聞にて発表された志賀直哉の短編小説。瓢箪をこよなく愛する少年と無理解な大人たちとの対立を描いた物語。

ら、「本と温泉」が続く限り絶版をつくらないという書き手との約束が信頼を生んでいるのかもしれません。

片岡　本当ですよね。『城崎裁判』は初版1000部。僕たちはNPOということもあって、いきなりたくさん刷るにはコストが厳しくて。自費でお金を出し合って回していますからね。

書き手の意識としては、全国でたくさん売って欲しいというか、少部数は嫌だというのが一般的かなという気がしていましたが、万城目さんの場合は、城崎に行かないと買えないことを自分のファンに伝えたときの「え〜っ?!」っていう混乱した反応が楽しみでしかたがありません、という感覚だったんです（笑）。

幅　『城崎裁判』の発売は2014年9月18日で、「城崎でしか買えない」とか「お風呂のなかで読める」ということが話題になり、僕たちの予想を上回る勢いで、一気にたくさんの人が買いに来てくれました。

片岡　鳥取県の米子から日帰りで買いにいらした方がいたり、島根からいらした方がいたり。おかげさまで最初の一週間で、初版1000部のうちの500部が売れてしまって、このペースはまずいぞと本当に嬉しい悲鳴でした。

幅　増刷を決めたのが発売翌日でしたからね。2刷のときは、カバーに使っているタオルの生産が間に合わなくて、苦肉の策で各旅館のタオルをみなさんに提供していただき、それをカバーにするという作戦で。2刷で700部、3刷で3000部と順調に刷を重ね、累計2万部（2021年現在）までいきました。

片岡　この『城崎裁判』が、日帰りしてまでも時間を使って城崎に来る原動力になるんだ、ということがわかったのはすごい発見でした。

幅　本来「本をつくる」ということは少人数で一気に盛り上がった熱量

の流れに、
志賀直哉が
から見下ろしている
所かと思い至った。
内心にてつぶや
である。
つけ方もあった

をそのままに、熱いうちに読み手に届けることだったんだなと再確認しました。

大きな出版プロジェクトだと、どうしても何度も会議にかけて…とか、営業の立場からすると…とか、複数の立場の人が関わるうちに、だんだんと初期衝動が冷めて、既視感のなかに埋もれていってしまう。なぜだかエネルギーが萎んでいく。この『城崎裁判』は本をつくるという原初的な衝動を熱いまま世に出せた、という感覚がありますね。

たくさん刷って、たくさん売って、たくさん読んでもらうことが従来の出版界の正義というか、疑いなくみんなが目指す一つの方向でしたけど、敢えてこの場所で手売りしかしないというやり方は、実際いかがでしたか？

片岡　まちの人にとってすごく効果があったと思います。

『城崎裁判』は「本と温泉」から城崎温泉内の旅館やお土産物屋さんに卸して、各店舗で定価販売してもらっています。これまでだった

『城崎裁判』のカバーは温泉で使用するタオルでできている。本文用紙は「ストーンペーパー」という防水の紙。

ら、二世会で何か新しいものをつくって、まちのお土産物屋さんに案内を出しても、まずは様子を見るんです。「なになに？　またなんか若いのがやっとるで」「なんやわからんな。様子見ようか」と。

そういうところから始まることが多いんですけど、実際にお客さんが店頭に来て、「『城崎裁判』ありませんか？」って問い合わせを受けると、「ちょっと悪いけど、すぐ持ってきてくれんか？」ってなって。お土産物屋さんのご主人が「5冊持ってきて」とか言うんですよ。次の日には「悪いけど20冊持ってきて」みたいな感じになって。

まちの人が喫茶店で『城崎裁判』っていうのができて、すごいらしいんだわ」みたいな話をして、常連のお客さんからその話を聞いた喫茶店のマスターが「置きたいから持ってきて」って連絡をくれることもありました。結局、いま城崎温泉内の旅館やお土産物屋さん、合わせて約50店舗で取り扱ってもらっています。

まち全体に「あれ、すごいらしいで」「うちも置かして」っていう話が飛び交ったんです。そうなってくると、NPO自体がちゃんとした活動をしているんだという証明にもなります。そして、小売店に数百円でもお金を落とせることによって、「関係ないもの」が「関係を持つもの」に変わっていったと思うのです。

大将　このプロジェクトの目的の一つに地域振興があるわけですからね。

幅　東京の書店さんからも取り扱わせて欲しいという要望はたくさんいただいたんですけど、今回ばかりは「ごめん、どうしても無理だ」ってお断りしました。敢えて流通させない。ネット販売もしない。※城崎まで行かないと買えないし、読めない、その価値って絶対あるはずなんです。少しでもその軸がゆるむと、最初のコンセプト自体が崩れてしまう。

　この企画は、無欲の勝利というか、たくさん売ることに主眼は置いていない。それ以前に、この『城崎裁判』をきっかけに城崎に人が来てく

※実際には、コロナ禍において、旅館業、飲食業と異なり全く支援がなかった町のお土産物屋をサポートするために、緊急事態宣言下の2021年2月1日〜2月28日まではEC販売を行った。

れて、まちのいろいろな場所を見て、新しい魅力を発見してくれること
の方が重要なんです。

大将　城崎のまちのなかにあってはじめて、この本が活きるということもあると思います。万城目さんがまちなかの実在スポットを物語に取り込んでくれたおかげで、『城崎裁判』を読んで、実際にまちを歩きたくなるというか、ガイドブック的な役割も果たしてくれていると思いますね。

幅　万城目さんもこの本がまちのなかでどういう立ち位置に置かれるのかもよく理解して、そのうえで執筆してくださいました。本当にすごい人です。そして、やはりこれは小説作品として優れているから評価されているんだと思います。どんなに装丁や話題づくりがネタとしておもしろくても、物語の中身こそが本義なのです。カバーがタオルだとか、防水加工の紙を使っているだとか、入り口としていろいろな仕掛けがある

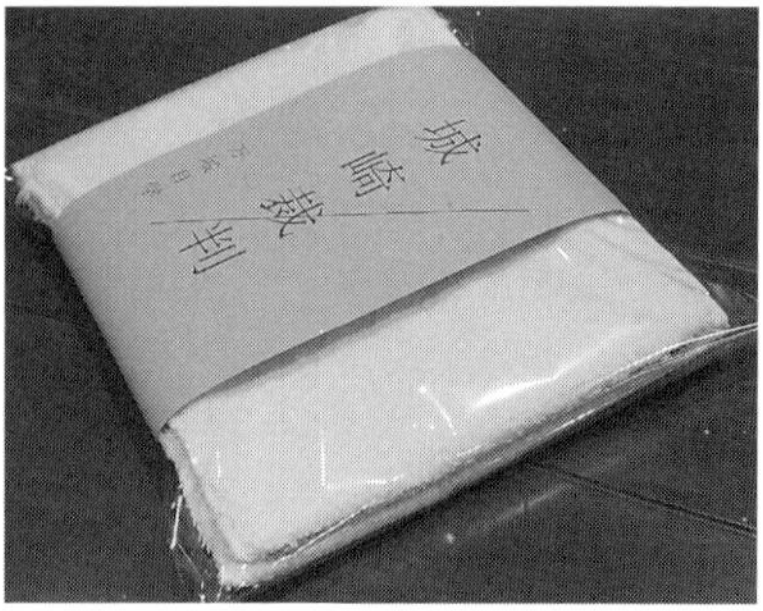

けれども、最後はやっぱり物語を読んで、「あぁ、おもしろかった」って言ってもらえないと、本を差し出すプロセスとしてコンプリートしないと思っています。

本とまちづくり

幅　まちにとって「売れた」というのは大きかったですよね。数字があがって、赤字じゃない限りは事業として継続もできます。『城崎裁判』の売上で利益を増大させることは目的ではないにしても、まち全体の魅力の底上げという意味では、このプロジェクトはできるだけ長く続けていきたいと思っています。たとえば10年、20年後に、10人の作家で城崎の10の物語ができていたら嬉しいですよね。

大将　城崎の10の楽しみ方ができますね。

幅　事業が続けば、これからのまちの移り変わりを反映するものにもなるかもしれません。

大将　今の城崎は過疎というか、特に商店がどんどん減ってきていて、残念ながらこの10年で１００軒ぐらい減ってしまいました。このまちが儲かるまちでいなければ、やっぱりまちの人も居続けてくれませんし、まちを出て行った跡取りたちも戻ってこないと思います。

僕たち旅館も同じで、どんどん減ってきている。城崎では共存共栄を大事にしていますが、それは街並みをつくるのは一軒一軒の商店であり、旅館なので、数がないことには継続できませんし、それがなくなってしまったら生きたまちじゃないという想いがあるからなんです。

城崎が生きたまちであり続けるためには、どうやって儲かる仕組みをつくるのか、まち全体で考えていかないと難しいと思います。そのきっかけの一つとして、今回の企画はまちの人みんなに恩恵を与えてくれたという印象がありますね。

片岡　温泉とか喫茶店とか、実際に自分たちが茶飲み話をするような場所で、『城崎裁判』が話題になっている様子を聞くと、まちの活性化にもつながっている実感がわいて、すごく嬉しいです。

幅　売れるもので、ちゃんとそれが自分たちに関係のある存在に変わるっていうのはすごく重要ですよね。それだけ売れてるんだったら、ちょっと読んでみるか、という人もいるわけですし。そういう意味では、次回もちゃんと売れるものをつくらないといけませんね。※

大将　お願いする作家の方に対しても、お客さんに対しても、城崎に来てもらうっていうのは、僕たちはすごく有効な手段を持っている気がします。もともと文人が来て、小説を書いたり歌を詠んだりしていた土地だったわけですから。

※取材当時。その後、2016年に湊かなえによる書き下ろし小説『城崎へかえる』が、2020年にtupera tuperaによる描き下ろし絵本『城崎ユノマトペ』が出版されている。

片岡　こうして本ができてみて、まちの人間も志賀直哉ゆかりの城崎温泉、文学のまちということに関して、もう一回プライドを取り戻してくれている感じが少しずつ伝わってきています。

幅　そうですね。これからも継続事業として頑張っていきましょう。今日はありがとうございました。引き続きよろしくお願いします。

NPO法人 本と温泉
大将伸介さん・片岡大介さんとの対話の後で

SNS全盛時代の観光とは

城崎温泉には、「NPO法人 本と温泉」（以下、「本と温泉」）を中心に再び文学の息吹が戻ってきています。後ほど詳しく書きますが、小説家の湊かなえさん[1]、絵本作家tupera tuperaさん[2]による「本と温泉」の新刊も発行され（2016年・2020年）、町にある城崎文芸館[3]も新しくリニューアルしました。

総人口7万人の兵庫県豊岡市のなかにある人口4千人足らずの小さな温泉街に、ここでしか買えない「本と温泉」の書籍を目的に来る人があとをたちません。ここでは、城崎温泉で起こった現象を観光学的な立ち位置からも少し見直してみたいと思います。

1　小説家。2009年、『告白』で本屋大賞を受賞。

2　亀山達矢と中川敦子によるユニット。絵本やイラストをはじめとした様々な分野で活動中。主な作品に『かおノート』（コクヨS&T）、『しろくまのパンツ』（ブロンズ新社）などがある。

3　1996年、開館。志賀直哉をはじめ城崎温泉ゆかりの作家に関する展示を行っている。

そもそも「観光」と私たちは一言で言いますが、その余暇利用も物見遊山的な「サイトシーイング（sightseeing）」と、異文化に触れながら何かを学ぶ「ツーリズム（tourism）」に大別することができます。これらをより大胆に分類するなら、前者を（視覚的なものを中心に）五感で瞬時に感動できるもの、後者をその来歴やコンテンツを味わいながら徐々に理解していくものと区別してもいいかもしれません。

城崎町には町営の外湯が7つあります。これは風呂に入った途端に瞬時で気持ち良さを理解でき、これまでも、これからもずっと町の基盤を成すサイトシーイング的な要素ですが、それだけでは多くの観光客を呼び込むのが難しくなっているのが現状です。また、「大谿《おおたに》川沿いを浴衣でそぞろ歩きをした」、「さとの湯サウナ後の外気浴で整った！」などど観光地で撮った記念写真を自身のFacebookやInstagramにアップすれば、多くの人は「いいね」と反応し、旅行者の承認不足を補うことはできます。それも確かに楽しい。サイトシーイングは、SNSを中心とした自己承認欲求という側面でも大きな効果を発揮するのかもしれません。

しかし、物見遊山的な観光は一度行けば満足してしまうものです。それは旅人がその場所に深く関わらずとも、濃厚に愛さずとも、成り立つコミュニケーションです。奈良の大仏でも、パリのエッフェル塔でも、圧倒的な視覚的インパクトを誇るある場所は、その対象の歴史などを知らなくてもソーシャルメディアを用いればきれいに消化できてしまう。けれど、それは言い換えると、有名で壮大な場所ならどこでもよいということにもなります。だとしたら、「次に行く場所は別の壮大な観光スポットに」というのが自然な流れではないでしょうか？

また、インターネットの網が世界の隅々にまで張り巡らされている今の時代、物見遊山的な観光名所は検索して見ることができる画像とも戦わなければなりません。ドイツのブランデンブルク門でも北海道・美瑛町のセブンスターの木でも、検索すればすぐに画像が出てきます。もちろん実際に足を運ぶことは大切だと多くの人が認識しているとは思いますが、それでも興味の対象を「わかった気分」になってしまうのは否めません。それどころか、写真の加工技術が上がり、誰でも簡単に「実際より美しい画像」をつくることが可能な世の中なのです。世に流布する最高のイメージを期待して現場に足を運ぶと、実際は汚れていたり、曇っていたり、綻んでいたりして「あれ？」と感じる。その「肩透かし」こそ、個人的には旅の醍醐味だと思うのですが、その「あれ？」をより上手に加工し、より美しいイメージにつくり変え、再度上塗りするという無限のループに突入しているのが現状なのではないでしょうか。つまり、ある場所を一個人としてどう感じたのかよりも、そこに行ってつくった美しいイメージを、それぞれの仲間内でシェアすることの方が、ある意味では重要になってしまっているのです。

そんな観光をとりまく状況のなかで、僕がサイトシーイングよりもツーリズムに可能性を感じるのは、一人の〈個人〉とある〈場所〉が固く結びつく期待を持てるからです。かつて観光においては最も重要だった「ぱっと見のインパクト」には欠けるかもしれませんが、知らない土地の文化や来歴に触れ、人に出会い、徐々に異文化を理解し学ぶツーリズムの世界。観光における単位は日々大きくなり、誰が来るか？ よりも何人来たか？ の方が重要視され、外国人旅行者も数ばかりが注視されています。しかし、本当に大切なのは未知なる場所と偶然にも深く結びついてしまう一個人をどうつくっていくのかだということを、城崎の事例で僕は知ったのです。

文学をコンテンツで終わらせないために

さて、話を城崎温泉に戻すとしましょう。城崎には残念ながら大仏があるわけでもなければ、エッフェル塔が建っているわけでもありません。もちろん7つある外湯を巡りながら町をそぞろ歩きをする温泉街としての「サイトシーイング」の基盤を保ちながら、どれだけ磁場に由来する歴史や先人の足取り、つまり「見えない価値」をお客さんに感じてもらい「ツーリズム」の範疇で町を伝えられるのかが大切になってきています。

町を支えているのは観光産業ですが、そのなかでも旅行業や運輸業など、お客さんを城崎に「送る側」と比べ、城崎は宿泊を中心としてお客さんを「迎え入れる側」のホスピタリティ・ビジネスで成立している場所です。家族経営を中心とした大小様々な70数軒の旅館が軒を連ね、それぞれの個性で宿泊客をもてなしています。

「送る側」は、世の中のニーズや季節によって旅行地域や旅行形態を変容させることができるのに対し、ホスピタリティ・ビジネスは供給の調整による旅客需要への対応が不可能です。つまり、そこで待ち続けるしかない。それゆえに、地元が提案できるコンテンツとサービスをしっかりと整理し、お客さんの誘引を図るための努力をし続けるよりほかありません。

「本と温泉」が、自分たちの地場に息づく「文学」というものを用いて誘引のきっかけをつくろうとしたのは、正解だったと思います。「迎え入れる」側は、動けず変容もできない焦りからか、いつも時代の流行や過度なお客様ニーズを読む傾向があります。その努力は決して無駄ではない。しかし、場所としての引力をつくろうと思ったら、そのヒントは自分たちが踏みしめている地べたにあるものだと、僕はここでもう一度言います。どこかから借りてきたようなトレンドを追うのではなく、その場所に根を張り、長い時間をかけて醸成された「その土地ならではの何か」を見つめ直すことから、地域の引力づくりは始まるはずです。

対談でも触れたように「本と温泉」が興った城崎温泉は、志賀直哉を中心とした白樺派の文人が多く訪れた場所です。志賀直哉来湯100周年という、必然性という意味では少し微妙な記念イヤーに、もう一度文学で町を盛り上げようとした茶目っ気と気概もあります。ところが、僕が初めて城崎温泉を訪れた2012年、城崎温泉の町中を歩いていても、正直なところまったく文学の息吹を感じることができませんでした。駅には観光ポスターが貼ってあり、「歴史と文学と出湯のまち」と書いてある。浴衣を着てそぞろ歩きをしていると、文学碑らしきものが置いてあるのは認識できる。しかし、そこまででした。近づいて読もうとするには記念碑の文字は小さすぎ、白樺派の作品が充実した本屋があるわけでもありません。つまり、それは「過去自慢」の域をまだ出ていないということだと僕は思いました。

その記念碑は、多大な労力と予算と気概も持ってつくられたものなのでしょう。しかしながら、完成した時点で100点満点のプロジェクトは、経年変化とともに目減りしていくのが常です。その熱を保つため、記念碑を見せる動線に工夫をしたり、多面的なPR展開をするなど不断の努力があってこそ、その観光資源はずっと効果を発揮するものになるはずです。

そういった「過去自慢」になってしまったものを現代的なものにアップデートする場合、うまくいけば効果を発揮するのが「第三者の忌憚のない視点」だと僕は思います。「本と温泉」の企画が幸運にも大成功をおさめたゆえ、なぜか町に信頼されてしまった僕は、豊岡市からの依頼で2015年の3月から3年間のお約束で城崎地域プロデューサーに着任しました。そして、その際に僕が何に気をつけていたかというと、「地域プロデューサー＝人の家のお風呂の汚れを指摘する人」ということです。

不思議なもので、毎日入っている自宅ではまったく気になりませんが、人の家のお風呂に入ると水垢やら汚れが気になるものです。僕が城崎にもたらした「第三者の忌憚のない意見」というのは、その水垢を「ちょっと汚くないですか？」と指摘する、なんともいやらしく面倒くさい視点だと自分では思っています。たぶん、お風呂の持ち主も薄々とは気づいているのです。最近少し汚れてるなとか、そろそろ掃除しなくちゃとか。けれど、身近すぎてどうしても後回しになってしまうことを、ずけずけと遠慮なく指摘する人。そういった視点がないと、ずっとそのお風呂は人様を迎え入れる準備が整いません。その場所をニュートラルに見ることができる「0の視点」を導入することは、いつも見ている場所やものを客観視する手助けになるはずです。

城崎温泉における出版NPO「本と温泉」では、「0の視点」が奏功したと思います。城崎の町の方々が自分たちで考えていた以上に、本を通じた町おこし（コミュニケーション）は難しいと僕は思っていました。強いインパクトと現代性を持ち込まないと、人目に触れるコミュニケーションにならないと危惧し続けてきました。一方、町の人が、ある意味とっぴな僕のアイデアに対し、ちゃんと聞く耳を持っていたことも大きいと思います。「0の視点」を信用する勇気とでも言うのでしょうか。ともあれ、「本と温泉」の活動を通じて、町には新しい文学の流れが湧いてくるようになりました。

まちでつくって、まちで売る

「本と温泉」に関して言うと、その後、小説家の湊かなえさんの書き下ろしによる『城崎へかえる』を2016年の7月1日に出版できたのも大きな続報です。とても人気のある作家さんなので、読者のみなさんは「いくら大金を準備したのだろう?」などと思われるかもしれませんが、実際のところ、そんなことはまったくありません。本当に、いくつかの出会いと幸運が重なった結果、湊さんもこのプロジェクトに「巻き込まれてくれた」のです。

そもそもの発端は、『城崎裁判』を書いてくれた万城目学さんでした。「湊かなえさん、ご存知ですか? 実は城崎温泉のことが好きで、よく行ってらっしゃるみたいですよ」と作家仲間のことを少し話してくれたのです。「本当か?」、「一体どこに泊まっているんだ?」旅館の旦那衆は色めき立ちました。しかし、温泉街に来るすべてのお客さまの顔や職業を把握しているわけではありません。結局、それはわからないままでしたが、とにかくその真相を確かめ、城崎温泉についてお話をするために一度お会いしてもらえないかと手紙をしたため、しばらくたってお返事をいただきました。

その後、湊さんとお会いし、「本と温泉」のプロジェクトについて説明したところ、なんと実際に城崎で買った万城目学さんの『城崎裁判』を持ってらっしゃることが発覚。確かに城崎もよく訪れていらっしゃるようで、小さなご飯屋の話や「道の駅の◯◯がおいしい」といった町の細部もよくご存知でした。本当に城崎温泉がお好きなことが伝わってきたので、その席で勢い余って「次回の『本と温泉』作品を書いていただけないでしょうか？」と切り出したところ、二つ返事で「わかりました」という言葉をいただいたというのが、ことの顛末です。あまりにもあっさりと快諾頂いたので、鼻息荒く面会に臨んだ僕や「本と温泉」のメンバーは、打ち合わせ後へなへなと力が抜け、でも原稿を書いていただけることに大興奮しながら温泉街への帰路についたことを今でも思い出します。

僕はたまに編集の仕事もするので、この原稿のお願いの仕方がイレギュラーだということはよくわかっています。しかしながら、物語の書き手たちが、いつも大きな会社のメソッドのみで作品をつくるわけでもないことにも気づいていました。「おもしろそう」と興味を持ってもらい、企画の全容とめざすべきところを丁寧に説明し、自分たちならではの本作りを提案する。その3つがしっかりと伝われば、動かなそうな岩も動くことがあるし、つながることが難しそうな人ともつながることができると僕は考えています。

具体的に今回「本と温泉」が書き手の皆さんと約束したことは、城崎温泉の町のなかという限定された場所ですが、そこで長く丁寧に本を売り続けるということです。初版部数が減り、なかなか重版もかかりにくいこのご時世で、「本と温泉」は、生産を自分たちの意思でコントロールでき、ずっと本を絶やさず売り続けることができます。町の物語を新たに書いてもらったわけですから、町があり続ける限り、物語もあり続けるというわけです。一般的には、重版もままならず、1冊の本の寿命がどんどん短くなっているなかで、その覚悟を書き手にきちんと約束できる出版社は実はそんなに多くないはずです。小さな町のなかで、数少ないタイトルを扱う出版NPOだからこそできることだと思っています。

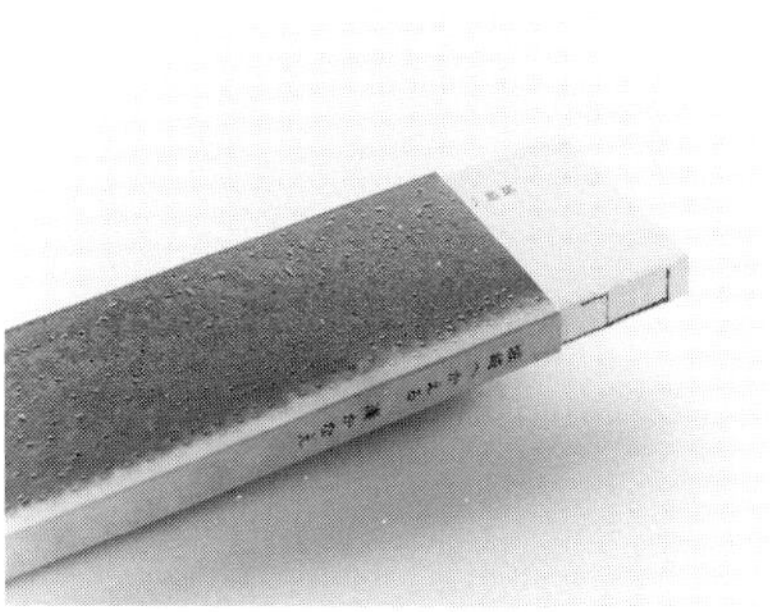

カニの殻を思わせる特殊印刷。殻から身を抜くように箱から本文が取り出せる。
©本多康司

また、もう一つ「本と温泉」が書き手の方たちに約束したことが、大手流通では扱いにくいユニークな本の装丁です。湊かなえさんの『城崎へかえる』という短編は母娘が城崎温泉で松葉ガニを食べる描写がとても印象的です。ゆえ、装丁もカニの足を模した縦長の判型で、カバーの箱はカニの甲羅の質感を再現しようと敢えて凸凹にしました。この装丁を手がけたアートディレクター本庄浩剛さんの力作、PP加工（ポリプロピレン加工）を厚盛りにしたテクスチャー印刷が特徴的なこの本の形状は、誰もが「おっ！」と驚き、湊ファン以外の方にも好評です。もちろん、これは短編小説なのですが、一人で何冊も購入されるお客様がいたりと、お土産としても機能している部分があり、本に対して興味のない方への訴求という意味でもうまく作用しています。

湊かなえさんの『城崎へかえる』は発売から4ヶ月で初版の3000部を町中だけで売ることができました。2021年11月の原稿執筆現在では7刷目（累計2万1000部）の「カニ本」が、今日も城崎で売られ続けています。

『城崎ユノマトペ』

また、ここには最新のニュースも付け加えておきましょう。「本と温泉」は、2020年2月に絵本ユニット tupera tupera と一緒に『城崎ユノマトペ』という絵本作品をつくることができました。「本と温泉」として7年間文学と向き合ってきて、その領域を絵本にまで広げることを決めたのです。

NPOメンバーの大多数が子育て世代だったことも大きな理由ですが、戯曲や詩歌などの世界にいる書き手が純文学との境界を（よい意味で）曖昧にし、その境を行き来することが当たり前になってきている流れを踏まえ、城崎の文学もその領分を大きく捉えようとした結果です。

tupera tupera にも、一家で何度も城崎に滞在してもらい、この町から聞こえてくる音をテーマに下駄の形をした長ーい蛇腹本をつくってもらいました。驚くほど繊細な切り絵で表現された城崎の町とお風呂。カランコロンという下駄のそぞろ歩きからはじまり、町の細部から聞こえるオノマトペが、一大絵巻のように描かれます。

この作品の出版により、「文学ファン」だけでなく、より間口の広い

表1　本と温泉発行書籍累計発行部数

書名	発売日	最新刷	累計刷部数
志賀直哉『城の崎にて』 江口宏志『注釈・城の崎にて』 （箱入2冊組）	2013年 9月1日	8刷	1万4,700部
万城目学『城崎裁判』	2014年 9月18日	8刷	2万部
湊かなえ『城崎へかえる』	2016年 7月1日	7刷	2万1,000部
tupera tupera『城崎ユノマトペ』	2020年 2月8日	初刷	3,000部
		合計	5万8,700部

「本好き」にまで「本と温泉」の作品ラインナップを広げることができました。そして、読み手の年齢層もより多様になってきました。もちろん、「本と温泉」として、文学という核は大切にし続けながら、物語の効用を今の人たちに伝えていきたいと思っています。同時に、様々な書き手と城崎温泉が繋がれるより強いきっかけを生むことができたと思っています。

差し出す場所の身だしなみ

もう一つ、この城崎温泉のプロジェクトでは城崎文芸館の再生という「こと」も起こせました。これは、僕が城崎の地域プロデューサーに就任してからずっと実現したかったことです。

城崎文芸館は1996年の開館から、20年以上が経った文学記念館です。実は、初めて僕がここを訪れたとき、とてもがっかりした記憶があります。白樺派の作家に関する原稿や書、絵画を展示していたこの文芸館なのですが、展示にキュレーションの意図がなく、ただただものを陳列しているだけでした。聞くと、ここは当時、建築物で予算を使い果たしてしまい、なかの展示品は寄贈品と寄託品でまかなっていたとのこと。「?・?・?・?」マークがいくつあっても足りないくらい計画が不安定な文学館だったのです。折角、素敵な志賀直哉の書などが展示してあるのに。

それゆえ、常設展の展示内容も20年近くほぼ変えていませんでした。また事務局を一緒に使う観光協会の方で置けなくなったもの（人力車、ピアノ、自転車、造花などなど）を展示室内に配置していたゆえ、ある意味、混沌とした施設になってしまっていました。

ここのリニューアルのため僕が提言したことは、何のことはない、「掃除」と「展示品の優先順位決め」、そして、それらの「丁寧な差し出し方」です。

文芸館の玄関を入ってすぐの風除室に置いてあった使われなくなった

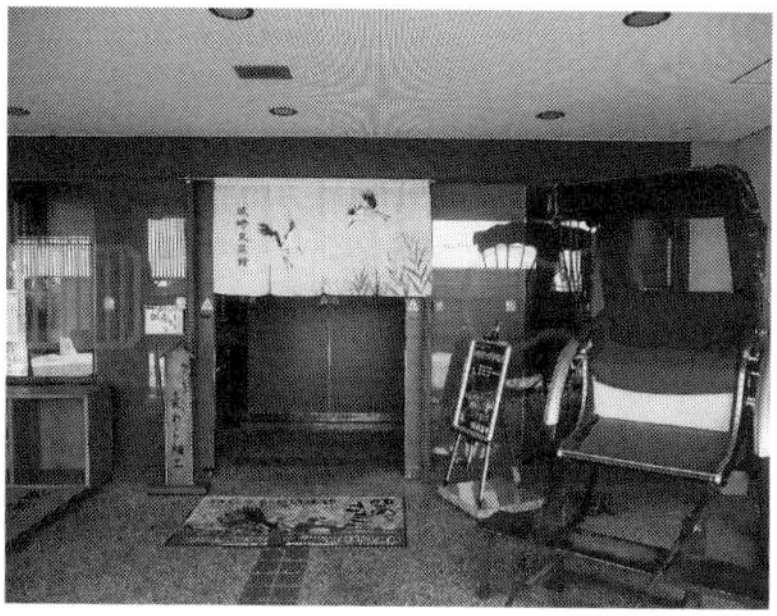

リニューアル前の城崎文芸館、玄関の様子

パソコンをどかし、入口のホールを掃いて綺麗にしてもらいました。ピアノの下に隠してあったイベント用の什器は片付けてもらいました。毎日見ている誰もが「当たり前」の風景と感じていた部分のなかで、お客さんの「0の視点」から見ると気になる部分を徹底的に掃除したのです。たかが掃除ですが、クリーンネスは人を招き入れる場所をつくるうえで最も基本的で大切なホスピタリティです。この城崎文芸館のトイレなどはオープン以来ものすごく綺麗に日々の掃除がなされていたのですが、きちんと掃除をすべき場所を見直し、トイレと同じ気合いで普段スルーしてしまっていた場所を掃除するということです。

次に気をつけたのが、見せるものの優先順位をはっきりさせることです。上の写真を見てください。

城崎文芸館が、オープン以来ずっと「城崎所縁のこんなものも見て欲しい！」という愛に溢れた場所だったのは間違いありません。しかし、人力車も見せたいし、カニのキャラクターも知って欲しいし、和風の美しい暖簾も見て欲しいという、様々な気持ちが整理されずに表出して、写真のような「なんでもありすぎて、なんなのかよくわからない」玄関になってしまっていました。ここで、必要なのがフレーミングです。

テイストがバラバラなものが多種並ぶなかで、近いテイストのものを集めフレーミング（仲間として括る）します。そうすると、キャラクターを打ち出したものがどのくらいの量あって、和風のしつらえのものがどのくらいあるのかも見えてきます。それらを見比べ、どちらが文芸館の打ち出したい色味に近いのか考えながら優先順位をつけ、いまお客様に見せるべきものを判断します。

それは玄関だけでなく、展示物のチョイスも同じです。城崎文芸館は潤沢な予算があるわけでもないので、展示什器が統一されていません。冒頭にも書いたように寄贈品と寄託品で成り立っているので、様々な時代の様々な展示品が多々あります。けれども、括って、見比べて、どれを見せるのか決断するだけで、ずいぶん館全体の整合性が上がってきました。これが、見せ物の「フレーミング」と「優先順位決め」です。
最後の「丁寧な差し出し方」とは、そこに並ぶものが「なぜそこにあるのか？」をわかりやすくお客様に伝えることです。具体的には、展示品横のキャプションのタイポグラフィーや文字の大きさ、日英併記のルールをデザイナーに決めてもらい共通させました。また、現場で新しいキャプションをつくる際に困らないよう、キャプションの仕様をフォーマット化してもらい、今後誰が担当になっても同じしつらえのキャプションが制作できるようにしました。

そして、大事だったのが展示品の主となる本のことをもっと読み込み調べたのです。今までは、置いてある書物のタイトルのみが日本語で記してあるキャプションが置いてあったのですが、新しいキャプションには著者名や発行年月日だけでなく、本の内容やなぜそれが城崎と関わるのか？まで短い言葉で伝えるようにしました。長々と書かず、簡潔で、的を射たキャプションというのは正に職人芸のようなものですが、この城崎文芸館で働く皆さんは、蔵書庫にこもりながら気持ちの入ったキャプションをつくってくれました。この微熱が、鑑賞者には確かに伝播すると僕は思っています。

最後に、もう一つ、城崎文芸館にある言葉の彫刻についても書いておきましょう。これは、視覚化によって伝えにくい（スマートフォンで撮ろうという気にならない）言葉というものをどうやって、メディア化するのかを考えた苦肉の策です。

スタイロフォームという建築模型をつくる発泡スチロールのような素材を熱線で言葉の形に切っていくこの彫刻。静岡県三島市にあった「大岡信ことば館」（２０１７年11月閉館）館長に直接指導してもらった方法です。「大岡信ことば館」は本来なら視覚化しづらい言葉の展示が見事でいつも憧れながら見ていたのですが、今回のリニューアルに際してお手紙をしたため、１日弟子入りをしてきました。

城崎文芸館「言葉の彫刻」
© Mitsuyuki Nakajima

言葉の切り出しは、部首の細かな漢字などがあると本当に骨の折れる作業なのですが、業者に頼まず自前で切っていくこの方法だと、安価でつくることができます。しかも、完成後に気になるところが出てきたり、壊れたりしても、自分たちで作り直すこともできます。この言葉の彫刻は、やはり来館者の目に留まるらしく多々ＳＮＳにあがっているのですが、そういった見所を自分たちでつくり、更新できるということは、展示内容を充実させていくために必要だったと感じています。

長々と書いてきましたが、城崎の仕事をかなりの熱量でやってこられたのは、あの町に住む多くの人と友人になったからです。もちろん、スタート地点は仕事でしたが、今ではもう城崎はもう一つの故郷というか、常に頭の片隅にある場所になってしまいました。

未知なる場所と偶然にも深く結びついてしまう一個人をどうつくっていくのかが「ツーリズム」の基本だということを書いたと思いますが、なんてことはない、僕が城崎に巻き込まれ、城崎を愛していく過程こそが、新しい日本の観光に必要なことだと身をもって知ったのです。

【参考文献】

鶴田雅昭『観光学入門』日本経済評論社（2012）
安村克己『よくわかる観光社会学』ミネルヴァ書房（2014）
山口誠・須永和博・鈴木涼太郎『観光のレッスン――ツーリズム・リテラシー入門』新曜社（2021）
影山裕樹『ローカルメディアのつくりかた』学芸出版社（2016）
神戸新聞但馬総局編『城崎物語』神戸新聞総合出版センター（2005）

6時間目

病院における本の差し出し方

――さやのもとクリニック

病院と本棚

幅　BACHではこれまで、いろいろな場所にライブラリーをつくってきました。いつも「本棚をつくる」ときは、インタビューをしているという話は繰り返していますが、「どんな本を入れて欲しいですか？」というアンケートをするのではなく、「こういう本があるんだけど、どうですか？」と、実際の本を見て、開いてもらいながら、個々の反応を探っています。そのなかで、本を届けることがとても難しいと感じる方々がいました。それが病院の患者さんと、子どもたちです。

佐賀県で病院を営む亀谷さんからBACHへのご依頼をいただいてから、本棚が完成するまで何度も患者さんやそのご家族、医師やスタッフの方々にインタビューを繰り返し、ついにクリニックに本が並びました。そもそも亀谷さんはクリニック開業にあたって、なぜ本を置こうと思ったのですか？

本棚をつくる
選書・調達・配架をして魅力的な本の並びをつくること。

亀谷真智子
さやのもとクリニック院長。佐賀県生まれ。医師。東京女子医科大学病院神経精神科、東京女子医科大学病院附属女性生涯健康センター、埼玉精神神経センター等を経て、2014年11月郷里佐賀で心療内科・内科クリニックを開業。

亀谷　この「さやのもとクリニック」は心療内科・内科中心の通院型の病院です。クリニックのなかでも診療スペースではない部分、患者さん本人はもちろん、患者さんのご家族も利用する待合のスペースをニュートラルな状態で保つにはどうすればいいのかということを考えていました。

いつもお話することなのですが、基本的に病院という場所は、元気で何の問題もない人は来ません。具合が悪かったり、どこか弱っていたり、何らかの困りごとをかかえた方がいらっしゃるところです。

幅　確かにそうですね。

亀谷　付き添いでいらっしゃるご家族も身近な人の調子が悪くて、それでも気持ちが上向きのままでいられる人なんていません。心配したり、これからのことが不安だったり、いろいろな想いをかかえていらっしゃいます。自分が患者さんの立場で病院の待合室の椅子に座っている

さやのもとクリニック
２０１４年11月開業。佐賀県佐賀市道祖元町71

ときは、やっぱり緊張しますからね。

幅　自身の経験でも、病院では「何を言われるんだろう…」とか不安になってしまいます。

亀谷　そうなんですよね。やっぱりリラックスした気分で、カフェで座っているのとは全然違いますからね。駅や空港の待合とも違うし、ほかの場所とは違う緊張感、不安感がありますよね。

病院というのは、訪れる人にとってただでさえ嫌な場所なのだから、その嫌さ加減を増やすことだけはしたくありませんでした。

そんななかで、本の存在というのも、みんなにとってストレスを与えたり、何かマイナスの影響を与えるものではありませんよね。ただそこにあるだけ。そういう意味でニュートラルな存在でもありうるし、あるいは読者にとって＋αになる可能性もはらんでいる。

さやのもとクリニック外観
設計：山﨑健太郎デザインワークショップ
撮影：黒住直臣

幅　そのニュートラルさに僕も賛成でした。僕も本を置くことで「＋αにしてください」を確約するのではなく、「読んでもいい」し、「読まなくてもいい」くらいの距離感がふさわしいと思っていました。
　このクリニックの待合からは緑が見えて、大きなガラス窓から外の光がたくさん降り注いで、そして、本が並んでいる。あの空間では亀谷さんがおっしゃるように、病院という場所のシリアスさとは対極の雰囲気が味わえますよね。

亀谷　長い廊下もありますからね、お散歩のように歩いてもらってもいいですし。

ヴィジュアルブックの活かし方

亀谷　今回本を並べていただいて、特に嬉しく思ったのは、クリニックを利用する患者さんのためだけではなく、患者さんのご家族のための本

本棚と待合スペース
設計：山崎健太郎デザインワークショップ
撮影：黒住直臣

を入れていただいたことなんです。このクリニックには入院設備がありません。患者さんが医師の診察を受けている僅かな間だけでも、付き添いのご家族には自分たちの時間を取り戻して欲しいと思っていました。

ご家族が、疾患をかかえた高齢のご両親を介護するのって本当に大変です。お父さんを看るんだ、お母さんを看るんだ、という本当によいモチベーションから始まっていたとしても、四六時中の介護、それも毎日ともなると、どうしても肉体的にも精神的にも負荷がかかります。

幅　選書のためのインタビューでも、想いとは別の部分で疲弊してしまうこともあるというお話を聞きました。

亀谷　そうすると、その疲弊から時には自分の心身のコンディションも思わしくなくなることもあり、どうしても感情的に尖ってしまうことが出てきて、それが介護されるご本人に向かうこともあります。たぶん子育てでも同じことが起こり得る。

そうすると、今度は自己嫌悪の悪循環。患者さんのご家族は、その悪いサイクルのなかでお疲れになってしまっている。そういうとき、現実には旅行はもちろん、ちょっとした外出もままならない状況ですけど、介護という世界から一時でいいので、少し離れて別の場所に行きたいって思ったとき、一番安全で、一番瞬時に飛べる方法が本なんですよね。

幅　そう言ってもらえてよかったです。僕、入ってすぐの入り口のところはなるべく軽やかな感じにしたいという意図があったんです。

病院らしく病気に関する本が並んでいて「介護とは……」なんて書いてあったら、まだ自分が足りないとか、もっとやらなきゃいけないことがあるんじゃないかという気持ちにさせられて、さらに疲れてしまうこともあるだろうなと思ったんです。

それで、入ってすぐのところには病とは何ら関係のない「空を見上げる」っていうテーマで空に関する写真とか絵、イラストの本を集めました。

亀谷　選書される前に医師を含め、スタッフや患者さんとインタビューでお話ししましたけど、みんなでわいわいやって、そんなに深くお話を交わしたわけではないのに、このクリニックの意図やコンセプトが本当によく本棚に表れていると思います。

幅　あのインタビューでは和気あいあいとやらせていただきましたが、実は僕のなかでは選書にあたって、とても大きなヒントになりました。あのときはみんながリラックスして楽しく本音でお話ししていたので、具体的、実際的な話が聞けたのが良かったです。

実際に介護をされている方が、「テキストが多い本は難しいですよ」と話してくださったり、「ヴィジュアルブックはいいと思うけど、重い本は握力が弱くなっているから難しい」、だったら、文庫版の小さなヴィジュアルブックなら受け入れてもらえるかもしれないな、とか。

実際、佐賀という土地柄、患者さんのなかには農業に従事されていた方も多く、オート三輪の写真や昔の広告のヴィジュアルブックは、自分の仕事道具や記憶に紐づいたものとして懐かしく眺めてくれましたね。

亀谷　そうですね。このクリニックに本を置くことで、回想法とか治療に役立たせたかったわけではないんです。本はただそこにあるだけで良くて、患者さんにとって刺激になってもいいし、ならなくてもいいと思っています。

幅　読み方を強制された読書ほどつまらないものはないと思います。だからこのクリニックの本棚は、なるべく自由なスペースにしておきたかった。

回想法だと、どうしても「この昔懐かしい写真を見て何かを感じてください」という、ある種の示唆が含まれてしまいますよね。今回、そうはしたくありませんでした。本来、本は読み手にとって何かを感じ取ってもいいし、感じなくてもいい存在だと思うんです。でも、偶然にも琴線に触れるところがあるんだったら、それは自分のなかに染み入るおも

回想法
精神科医ロバート・バトラーが提唱した心理療法。主に高齢者を対象とし、本人が幼少期に遊んでいたおもちゃや昔の写真等を見て、過去の思い出を語り合うことで、脳が刺激され、精神状態を安定させる効果が期待できるとされている。

3
俺の車
360cc軽自動車のすべて
最小限の美学
'60s Memorial
日本車
物語
キハ ヨンマル
トラクタ
360cc
軽商用貨物自動車
1950
1975
60年代 街角で見たクルマたち
二輪車
1908-1960

しろいことなんだ、というぐらいの立ち位置。
一応、僕も病院の本棚をやらせていただくならということで、回想療法の本を読んだりとか、いろいろ調べてはみたんですけど、どうしても、それを意図した瞬間、作為的な選書になってしまう。そんな「目的ありき」の本棚にはいけない！って思って（笑）。それで、亀谷さんにご相談したら、「違います、違います」っておっしゃってくださったので。

亀谷　そうでしたね。

幅　だったらいつも通りというか、逆に気楽に本を選べましたね。
今回、写真集をはじめヴィジュアルブックを多く選書していますが、それにもわけがあるんです。特別養護老人ホームとか高齢者のケア施設では、テレビをつけっぱなしにしていたり、映像を流しっぱなしにしているところが多いですよね。

車の本が並ぶ本棚
設計：山崎健太郎デザインワークショップ
撮影：黒住直臣

確かに視覚的なものの方が情報として入りやすいので、興味は向かうのだと思いますが、映像はすごく受動的なメディアじゃないですか。だから映像を見ている途中で、自分が何か「はっ」と思うところがあっても、急に止めたりとか、巻き戻したりとか、自分でコントロールすることは難しいですよね。

でも、写真集だったら「はっ」と自分で思ったところでページを捲る手を止めることができる、また前の頁に戻ることも簡単です。つまり、読み手が主体となってコンテンツに接している時間を牛耳ることが可能です。自分のペースで視覚的情報に触れることができるという点では、本の効用が大きいなってすごく思いました。

亀谷　本はまずそれを手に持って、本自体の重さや紙の厚さを感じるところから始まりますからね。ページを捲るには実際に自分の手を動かさなきゃいけない。もしかしたら、紙やインクの匂いもするかもしれない。

映像の場合はほぼ視覚と聴覚しか使いませんけど、本の場合は様々な感覚を使って情報を吸収することになりますからね。

幅　紙の本は五感を総動員して向かうのが一番の醍醐味。アートや写真、デザインに関するヴィジュアルブックっていうとどうしても、一般的には高尚で高価なものというイメージが強くて、活かしきれてないというか、読まれる場所が少なかったんですけど、今回このお仕事を通じてすごく可能性を感じました。こういった場所でこそ視覚的な本の使い道があるんだというのは発見ですね。しかも回想療法とは別の次元で使うことができる。今後そういうことが広がってくるとおもしろいなと思います。

亀谷　そうですね。そうなると、医療の現場も変わってきますね。

育てる本棚

幅　今回、亀谷さんのお話を聴いていて、すごくいいなと思ったのが、患者さんのためにいい場所をつくろうということではなくて、悪くない場所をつくろうとしているところです。

本ってどうしても、置いておくだけで効果効能を期待されてしまう存在なんです。例えば学校教育の現場でもそうでしょうし、何かユーザーにとっていい効果を与えようとする文脈で用いられることが多い。

亀谷　「教科書的存在」という言い方があるぐらいですからね。

幅　そうなんです。模範であり、正義であり、それは絶対的に正しいことというか、「本＝良いもの」という暗黙知がある。だけど、実際には本にも邪なものもあれば、いかがわしいものもあるし、危ないものだってもちろんあるわけです。完全にクリアで清潔で間違っていないものかというと、僕はそうでもないと思っています。だからこそ、僕は本がおもしろいものだと思うのですが、ともあれ本にも間違いはありますし、読み手が誤読することも当然ある。

そもそも病院という場所は行くのが嬉しくはない場所で、診察を待つのも不安で、緊張感もある。だから本で良い場所に変えましょう、ということではなくて、そこに本があることで、少しは気持ちが上向くかな？ぐらいのスタンスを亀谷さんと共有できたことは、僕にとってすごく新鮮でありがたいことでした。それぐらいの本と人と場所の関係性がここに並んでいる本たちにとっても、実は一番幸せな置かれ方という気がするんですよね。

亀谷　私自身が今ここにいて、緑を眺めて、本を見て、そんなに悪い気はしないんだけど、どう？ほかのみんなもそう思ってくれると嬉しいな、その程度なんです。

幅　本を読んで何かを学んだり、上向きにしなくてはいけないという強迫観念でがんじがらめになってしまう人が多いなか、本を読まない自由を謳いながら丁寧に本を差し出すくらいが調度いいんじゃないかなと思うんですよね。

あの場所にいま種をまいた段階だから、これからどうやって根付いて、芽吹いて、最後は花を咲かせるのか。

亀谷　どんなふうに花が咲くかはまだまだわかりませんよね。患者さんもどんな方がいらっしゃるのか、意外に若い方が多いのか、こればっかりは開けてみて、使われ始めてみないとわかりません。

心身に何らかの問題をかかえた方を診るというスタンスなので、間口は広いです。病院って、実際に患者さんがいらっしゃって、治療が始まって、施設を使っていただいて、私たちも使うようになってまたいろんなふうに変わっていく。まさに幅さんがおっしゃったように、育っていくというか、そんなふうに年月を経て変化していく場所だと思います。

幅　そうですね。実際に患者さんがいらっしゃって、待合スペースを使うようになったら、僕らも少しずつ本を入れ替えながら、使う人やその場所の使われ方に合わせて調整していきたいなと思っています。

このインタビューは２０１４年のクリニック開業前に実施されたものです。現在、さやのもとクリニックでは、新型コロナウイルスへの感染対策に充分配慮したうえで、書籍の配架を行っています。

さやのもとクリニック
亀谷真智子さんとの対話の後で

本を読むのもいいし、読まないのもいい

さやのもとクリニックはオープンから8年弱が経過しました。

選書当時に意識したように、患者さんに対して、本が「回想法」の資料として強要されることはなく、読みたい人は自発的に手に取るし、一方でずっと表紙だけ眺めている人もいるし、特に関心を示さない人もいるといった様子のようです。

エッセイストの平松洋子さん[1]が、以前お会いしたときに「本は待ってくれる」という言葉を教えてくれたのですが、さやのもとクリニックを訪れる方々も、じっくりゆっくり好きなタイミングで本棚に並ぶ書物と向き合ってくれればいいと思っています。そもそも本は遅効性の道具。いつ芽が出るのかわからない種蒔きのようなものですから。

1　エッセイスト。世界各地を取材し、食文化と暮らしをテーマに執筆活動を行う。2006年、『買えない味』で第16回Bunkamuraドゥマゴ文学賞受賞。著書多数。

小関和夫『カタログで知る 国産三輪自動車の記録 1930～1974』三樹書房（2010）

本を滑り込ませる

一方で、ここのライブラリーに置かれたある1冊の本が、また新たな示唆をくれました。その1冊とは三樹書房『国産三輪自動車の記録』というものです。

サブタイトルまでしっかり書くと『カタログで知る 国産三輪自動車の記録1930～1974――マツダ・ダイハツ・三菱・オリエント・ホープスター・他編』という長大な名前のこの本。その1冊からは、編集者の国産三輪自動車にかける愛が溢れています。そもそも三樹書房は、いわゆる車マニアのなかでも、古き良き時代の車のデザインとカーライフを伝える名手として一部ではとても有名なのですが、普通の人が気軽に手に取る本ではないと思っていました。

ところが、さやのもとクリニックではこの『国産三輪自動車の記録』がなぜか大人気で、多くの男性患者が手に取るというのです。と言うのも病院の周辺には長閑な田園地帯が広がり、亀谷先生との対話にもあったように患者さんのなかには一次産業に従事していた方も多いそうです。そういう方にとっては、実際に戦前、戦後の農業の現場を支え、自分たちも使用していた国産三輪自動車が丁寧に紹介されたこの本は、自身に関係のある本として認識されるわけです。

当時の三輪自動車の写真とカタログを事細かに伝える1冊からは、確かに作り手たちの車に対する誠実さが伝わってきます。けれど、編集者たちはまさか佐賀県の病院でその本が手に取られ、愛読されることを意図していなかったことでしょう。

本が売れないと言われるようになって久しいですが、それは専門書の分野においても同じようです。車に限らず、医療関係、財務関係、法務関係、統計、白書などなど数多くある専門書も、それを購入し続けてきた図書館や専門施設の新刊購入予算の削減に伴って、少しずつ売り上げを減らしているのが実情。そういったなか、その本にとって新しい居場所を見つけることができるというヒントがここ、さやのもとクリニックにはあったように思います。出版業界がじわじわ老衰していくのを延命装置で保つより、まだ身体が動くうちにその本が新しく滑り込むことができる場所を探すべきなのかもしれません。

専門書ばかりではありません。一般書と言われている本も、それ以外のあらゆるものも、自分たちのつくるものの居場所を自分たちで地道に見つけなくてはいけない時期がやってきていると思います。かつて編集者は本をつくって校了した時点で、ミッション完了でした。けれど、これからはできあがった書籍がどんな場所で、どのように読者に届くのかも考えデザインすることが求められます。書店と本とを結びつける営業担当者に、本の制作の意図や想い、想定される読者のイメージをしっかりと伝達する必要があります。つくり手である自身が、差し出し手にもならなければいけません。残酷な話ですが、目の前の一人にその意図が伝わらないものが、大勢の支持を集めるものには決してならないのです。

高度な専門家の創出や生産効率の上昇など、分業のメリットが多々あることは十分承知のうえです。けれど、どんな小さな本でも、車や家のような大きなつくりものでも、制作の第一歩目からユーザーにそれが届く瞬間のフィニッシュワークまでを一望し、客観視できる人間がどんな分野でも必要になってきていると言えます。そして、その一望する人こそが、届けるべきものの新しい居場所を見つける役割を担うべきだと僕は考えています。

病院という現場における本の可能性

繰り返しになりますが、病院の待合室は、基本的に困っている方が訪れる場所です。自身や家族の調子が悪かったり、様々な慢性的な体の悩みを抱えていたりする人がその待合室を通過していきます。

ずっと以前から、待合室には週刊誌や新聞、雑誌や絵本やマンガなどの書籍や活字メディアを置く文化はありました。そして、それらは誰が読んでも当たり障りなく、不快にならないことが最も大事なことだったと思います。もちろん、気持ちが上向きでない方に本を差し出すのはいつも以上に神経を使わなければなりません。しかし、ただただ静かに潰すその時間を、もっと多様な時間に変える役割が本には果たせると思いました。空白を埋めるだけなら、スマホを片手にしていれば電源の続く限り時間を費やせる世の中です。そんな時代だからこそ、本はもっと前向きで積極的な病院の待ち時間をつくるメディアになれる。一方で、ただただ表紙タイトルを眺めて通過するだけの存在にもなれる。つまり、そこで過ごす時間の選択肢を増やす存在になれると僕は考えます。

さやのもとクリニックの場合は、長年地域で暮らしてきた地元の高齢者が患者さんとして訪れることを想定して本を選びたいと思いました。彼ら・彼女たちの記憶に訴えかける本。さらには、1964年の東京オリンピックや1970年の大阪万博、長嶋茂雄のホームランなど高齢者の誰もが知っている国民的記憶よりも、佐賀の郷土料理レシピや地域の工芸品、地元の芸術家の作品など、近くにあった身近な記憶を選書のベースにしました。小さな文字を読むことは難しいので、写真や絵といったヴィジュアルを中心にした本。しかしながら、写真再現性などを優先した大きくて重い本は捲るのも大変ですし危ないので、比較的判型の小さな束の薄い本を選びました。

選書に際したインタビューでは、佐賀県だからと僕が好きだった唐津焼の本を持参したら、患者さんから「うち（佐賀市）は鍋島だから、唐津と一緒にしないで」と選書に対して厳しい言葉を頂いたこともありました。こういうときは本を扱う仕事をしながら、本を読み、調べる限界も思い知らされます。それでも、地元に住んでいて、実際の読者になる可能性がある方の意見に耳を傾け、生の声を活かした選書をすれば、どこかで本に対する引っ掛かりをつくることができると思いました。かかえる疾患の重い軽いは関係なく。

僕は以前、大阪にある脳卒中のリハビリテーション病院のライブラリーや、神戸市のアイセンターという眼科のなかのライブラリーを制作しました。アイセンターでもインタビューワークを何度かしたのですが、視覚障害も実に多種多様です。全盲と弱視の方で必要なメディアは違ってきますし、弱視は弱視で視界の欠け方によって様々な状態があります。

本来、病の種類は人の数だけ存在します。「○○病」という病名の類型はつくることができても、パーソナルに対応していこうと思ったら、患者と医者の1対1の対応から組み立てていくしかありません。実は選書作業もそれに近いものだと僕は思っています。つまり、全国のあまねく脳卒中患者のためのライブラリーや、すべての視覚障害者に役立つ本棚をつくることは難しく、どんな選書作業であれ1対1の関係からしか始発しないと思っているのです。

その人の病状や体調は日々移りゆくものです。また、本に対する嗜好性も（これまで生きてきた来歴や気分によって）やはり十人十色です。そんな場所では、選んだすべての本を気に入ってもらうことをめざしてはいけません。多々ある本のなかから、まず1冊を一人に。その1冊が、誰かの心の琴線に届き、読み手のかつての興味や記憶を呼び戻すきっかけになれば、おのずと次の1冊に繋がっていくと僕自身は思っています。

では、個々の興味、すなわち愛着というものは、どこから生まれるのでしょう？ 実のところ、それはその人が費やしてきた時間（捧げてきたとも言えるかもしれません）に比例すると僕は考えています。誰かが今まで生きてきた時間。好きで好きで、ずっと何かを愛でてきた時間。それが、その人の記憶の核となり、差し出された1冊の本と結び目をつくる鍵穴になると思っています。

そもそも本は、時間と深く関連したメディアです。同じ本でも時間の経過で受け取り方が変わり、二度と同じように読めません。また、ほかのエンターテインメントに比べて没入に時間がかかるものでもあります。

現代はどんなことでも簡単に瞬時に検索できる世の中ですが、長い時間をかけて誰かの内側に入ってきたものの方が、その人の核に根を張るものに変容する可能性は高まるのではないでしょうか？

また、読者自らが「読む」という自発性を持たないと、本は読み手のなかに入ってきません。今、世の中には受動的に時間を費やせるアミューズメントが多々ありますが、ぼーっと視続ける動画やゲームよりも「読む」という、自らが向かい、時間と労力を費やした体験の方が、過去の自身と対峙するきっかけをつくる可能性が高まると考えています（スマホゲームにどっぷりの今の若い世代が後期高齢者になったときは、スマホゲームが記憶のトリガーとなるのでしょうか？）。そういう意味でも、本は個々の人が持つ過去の記憶と時間を呼び覚ます装置になると思っています。

ですから、病院におけるライブラリーづくりでは、できるだけ広い領域の本を準備しておくことが大切だと思っています。読みやすいもの／ある程度歯応えがある読みもの、テキスト主体／イメージ主体、大きな本／小さな本…。そのバリエーションを豊かにしておけば、あらゆる可

図１【かつての医療現場での考え方】

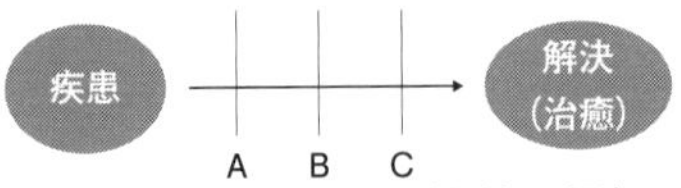

疾患に対して、A〜Cの方法（治療）で解決へ

【書籍から疾患へのアプローチ】

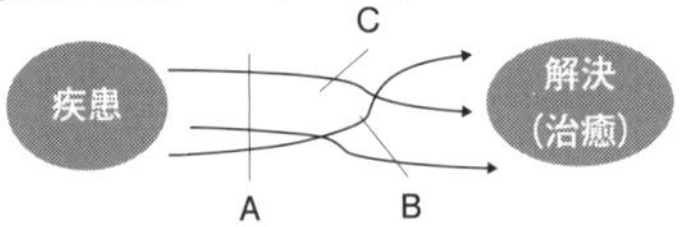

疾患に対して、「行き当たりばったり」な本との出会いが、
「行き当たりばっちり」な結果を生むことも…。

能性がそこには開けます。

元来、医療の世界では疾患という問題に対して、どうすればそれが解決できるのかの道筋を線的に見つけ出そうとしてきました。もちろん、それは医療の進歩と一般化には欠かせないメソッドだったと思います。しかし、本は能率的で計算されたメソッドとは別に、急な記憶の覚醒やモチベーションの喚起をもたらすこともあると、今まで医療現場で本を置く仕事をした際に何度か目撃してきました。その心の動きは生命の神秘と同じで複雑怪奇。とても理路整然と説明できるものではありませんが、そこにある「行き当たりばったり」な本との出会いが、なぜか「行き当たりばっちり」な結果を生むことがあるのです（図1）。

セレンディピティについて――幸福な事故の誘発

予期せぬ幸運に偶然出会う「セレンディピティ（serendipity）」とい

う言葉は、もともとイギリスの政治家で小説家でもあるホレス・ウォルポール[2]が1754年に生み出したものです。彼が子どもの頃に読んだ『The Three Princes of Serendip（セレンディップの3人の王子たち）』は、当時のイギリスでは多くの人が知る寓話でした。セイロン島、つまり今のスリランカを舞台にしたその物語では、3人の王子たちがよくものをなくし、それを必死で探すのだけれども、全く予期せぬものを掘り起こしてしまいます。そんな現象をウォルポールが「セレンディピティ」と名付けたのですが、読者の皆さんにも思い当たることは多々あるのではないでしょうか？

試験の前日や夏休み終盤、机に向かって懸命に勉強しなければならないときに限って、関係のない本を読み耽ってしまう。しかも、普段だったら興味すら抱かないような本が猛烈におもしろい興味喚起になってしまう。引越しの直前に昔のアルバムをじっくり眺めて、「あの人に手紙を書かねば」と思い出す。紛失物を探していたら、別のなくしものを発見する。

2　イギリスの政治家、貴族、小説家。著書に『オトラント城奇譚』がある。

つまり、「中心的関心」よりも「周辺的関心」が、人にとって有効に作用することがあるというのは、私たちの経験からも十分に実感できることです。そして、その「セレンディピティ」を引き起こしやすいコンテクストをつくるのに、病院における本は、とても機能的だと思えます。

仕事にしろ、日常生活にしろ、日々なんらかの目的を抱えて私たちは生きています。そんな「中心的関心」ばかりを追いかけているようで、実はそれがきちんと見えていないことが多々あるのは、先ほど書いたいくつかの例が示す通り。正視すべき対象から一度、視線をそらし周囲を見渡すことで、意識的に注意を「周辺的関心」にずらしていく手法は、セレンディピティを誘発する可能性を高めます。

しかも、本は先述の通り、その形態が多種多様なメディアですから、セレンディピティの誘発に効果的に作用します。人の記憶のどこに、どんな情報がぶら下がり、横たわっているのかは、それが偶然釣り上げられたときにしかわかりません。しかし、記憶のトリガーとして、読み手の都合がよい形に変容し得る本は、（人の心にとって）とても柔らかく、忘れられた記憶をすくい上げ易いものと言えるでしょう。そんな本だからこそ、果たせる機能が病院の現場にはあるはずです。

最後にセレンディピティと本の関係について、もう少しだけ書いておきましょう。精神科医の中井久夫[3]は、『徴候・記憶・外傷』（みすず書房）という本のなかで、偶然何かに出くわすセレンディピティの偶察性を「徴候的知」と呼びました。捉えようとすれば、微かに過ぎ去ってしまう危うさを持ち、一方で「予感」や「余韻」を感じ取る知性の表現として「徴候的知」を定義付けたのです。

もとは、イタリアの歴史学者であるカルロ・ギンズブルグ[4]が1979年に書いた論文「徴候」において指摘した「徴候的知」という考え方。実は、太古の狩人の文化にまで、その根源は遡ります。

何千年もの間、幾度も獲物を追いかけ、格闘し、あるときは狩りに成功し、またあるときは失敗を繰り返しながら、人類は微細な動物の足跡や臭い、個々の動物の習性についての知識を得ていったと言います。そ

3　精神科医。専門は統合失調法の治療法研究。『分裂病と人類』（東京大学出版会）、『関与と観察』（みすず書房）など著書多数。阪神淡路大震災の際には被災者のメンタルケアに尽力した。

4　歴史家。キリスト教化前のイタリアの民衆心理を研究している。著書に『チーズとうじ虫』などがある。

の複雑な自然界における法則を、記録、解釈、分類しながら獲物を目にした一瞬で判断するとき、「徴候的知」というものが必須だったというわけです。

中井の著書『徴候・記憶・外傷』のなかでは、マルセル・プルースト[5]の長大な小説『失われた時を求めて』が例に出され、ひと枝のサンザシが、紅茶に浸したマドレーヌ菓子が、別の「ひとつの世界」を開く様子が語られます。一見、なんでもないようなものが別の世界のドアをノックすることを、中井は世界に散りばめられた「索引」と呼びましたが、そもそも世界はあらゆる「索引」で構成されていると思えます。

病院で本を差し出すときも、その「索引」が未だ見ぬ読者の心のドアを叩いてくれるといいのですが、そもそも「索引」が機能するためにはどうしたらよいのでしょう？

興味を持った僕は、中井の『徴候・記憶・外傷』[6]にある「『世界における索引と徴候』について」という部分を読み進んでみました。そこに

5　フランスの小説家。20世紀西欧文学を代表する世界的作家。『失われた時を求めて』はプルーストが半生をかけて執筆した長編小説で、1913年から1927年にわたり全7篇が刊行された。

6　中井久夫『徴候・記憶・外傷』みすず書房（2004）

書かれていることを僕なりに要約すると、こういうことです。

「索引」が世界を開く鍵になるためには、「徴候」という鍵穴を見つけなければならない。中井は統合失調症の臨床から出発し、それらの関係について語ります。「索引」は英語で言うと「indicial」になるのですが、皆さんがイメージする「インデックス＝索引的」という意味より「徴候を示す」という意の方が強いそうです（ランダムハウス英和辞典では、「索引の～」は3つ目の意味で、「徴候を示す」が第1の意味）。

図書館の索引が誰かを本の表紙へ導き、本の表紙が内容へ導く。花の匂いや紅茶に浸したマドレーヌが、埋もれていた一つの世界を開く——。幼児体験をはじめとして、私たちは意識に収まりきらない記憶を多々持っています。中井はそれを「私の意識する対象世界の辺縁には、さまざまな徴候が明滅していて、それは私の知らないそれぞれの世界を開くかのようである。これらは、私の現前世界とある関係にある」と語りました。

予感／徴候／余韻／索引

予感　―　徴候

―　―

余韻　―　索引

「予感」と「徴候」は、それぞれ未来に関係していることです。中井は、「予感」を「徴候を把握しようとする構えが生まれる時の共通感覚」と定義付け、それは「非在の現前」、すなわち「何かはわからず、それは未だ存在していない。しかし、確実に存在しようとして息をひそめている感覚」と語りました。

一方で、「徴候」は「必ず何かについての徴候である」と定義付け、それは「在の非現前」、すなわち「それが何かはいうことができなくても、純粋徴候、何の徴候でもない徴候というものはありえない」と語りました。その存在は確かな何かに依拠しているということです。また「もっとも名状しがたい」何とも言い難い雰囲気的な変化を「予感」だとすると、微かだが変化が鋭敏なものが「徴候」であるとも言います。

他方、「余韻」と「索引」は過去に関係があり、それぞれが新しい世界を開く鍵になります。ただ、「余韻」の方は、身体を介した経験に近く、過ぎ去った総体が残す雰囲気。逆に「索引」は、「より対象的であり、吟味するべき分節性とデテイルをもっている」と中井は書きました。

これらの予感、徴候、余韻、索引は、意識の周辺に出没するもので、しかもこれらはあざなえる縄のように絡み合って現れるものだと言います。きれいに整頓しきれるものではありません。

中井は、「生きるということは、予感と徴候から余韻に流れ去り索引に収まる、ある流れに身を浸すこと」と言いましたが、そこで語られる「予感と徴候」、「余韻と索引」の関係について考えることは、今の検索型の世の中において、「知らないもの／関係ないと思っているもの」に対して興味を喚起する大きなヒントになると思います。そして、人の記憶や日々の所作と本を結ぶ複雑さと奇跡を紐解く一歩目になるとも考えています。

【参考文献】
外山滋比古『思考の整理学』筑摩書房（1983）
カルロ・ギンズブルグ／竹山博英訳『神話・寓意・徴候』せりか書房（1988）
田中純『都市の詩学——場所の記憶と徴候』東京大学出版会（2007）
中井久夫『こんなとき私はどうしてきたか』医学書院（2007）

7時間目

子どもたちへの本の差し出し方

——丘の上保育園

子どものための大人の本

社会福祉法人 駿河厚生会 理事長・施設長 河野義文
丘の上保育園 園長 大川敦子

丘の上保育園
2013年3月に静岡県沼津市に開園した保育園（事業者名称：社会福祉法人 駿河厚生会）。家庭を離れる時間の長い園児に対して、温かい家庭的な保育を行うことをモットーとしている。

幅 2013年、こちらの「丘の上保育園」の開園に合わせて、ライブラリーづくりのお手伝いさせていただいて以来のお付き合いですね。今日、久しぶりに来てみて、程よく年季も入ってきていますし、BACHの選書以外にも新しい本が増えていて嬉しいです。

一つ前の章でも少し触れましたが、BACHで選書の仕事をお引き受けするとき、最も「容赦がないな」と感じるのが子どもたちです。彼ら、彼女たちの好奇心や興味、関心が届く範囲内で本を差し出さなければ、きっと見向きもせずに別の場所に駆けていってしまう。

こちらのライブラリーをお手伝いすることになったときも、園長先生や保育士の方々をはじめ、これから園児になるという小さいお子さんたちにもお話を聴いて、インタビューで距離を縮めていくところから取りかかりました。その後、実際に子どもたちがどんなふうにライブラリーを使っているのか、様子を教えていただけますか？

大川　一番使われているのは、お母さんたちがお子さんをお迎えに来るときの時間帯ですね。ライブラリーの本は貸し出しもしていますので、お母さんと一緒にここで本を見て、選んで、それで借りていかれます。

なかには、子どもさんと一緒に1時間ぐらいじっくり選んでいかれる方もいらっしゃって、「あれ、まだ帰ってなかったの？」なんていうこともあります（笑）。

幅　子どもたちだけではなくて、お母さん方にも一緒に楽しんでいただけているのでしょうか？

大川　そうですね。お母さん方からは「もっといたい、ずっといたい」っていうお声もいただいています。おかげさまで保育園内の図書ス

マティスやゴッホなどの画集も並ぶ本棚

ペースではありますけれども、子どもさん用の本だけではなくて、大人が読みたいと思う本も揃っているんですよね。

幅　ちょうど選書をしていた頃、自分の子どもも小さかったこともあって、小さな子たちにとっての本のリアリティを鑑みながら選書を進めていきました。

そもそも子どもって子ども扱いされることをすごく嫌いますよね。ほとんどの絵本には「対象年齢」が書いてありますけど、僕自身はこれはあまり気にするべきではないと思っているんです。「0歳～200歳まで」って書いてあってもいいと思う（笑）。「小学校低学年から」って書いてある本を幼稚園児が読んだら何も感じないかというと、そんなことはないはずです。

文字の大きさや、ルビ、漢字と平仮名の量で、読者対象をわかりやすくしようとするつくり手の努力も理解できる一方で、読み手を細かく分類するよりは、すべての本を誰でもが好きなように読める方が好ましい

ライブラリーに並ぶ本の数々

しろくまのパンツ
tupera tupera
パンツをめくってからおよみください
しろくまさんの パンツが なくなっちゃった！ いったい どんなパンツかな？
999ひきのきょうだいのおひっこし
おふろだ、おふろだ！
どろだんご
円谷プロ全怪獣図鑑
東京スカイツリー
ウルトラマン大図鑑
世界のミュージック図鑑
おっぱいのひみつ
柳生弦一郎 さく
にんげん
かお かお どんなかお
あめが ふるとき ちょうちょうは どこへ
ゆるキャラ大図鑑
ひとりごと絵本
まいにちのせいかつ
ねずみくんのチョッキ

と思うし、プリキュアやセーラームーンの装う世界じゃ満足できない子が急にティム・ウォーカーの撮るハイファッションの写真集を見て、「洋服ってほんとにきれい！」って言ってくれたら世界が広がると思うんです。もちろん、その逆で大人が絵本を愉しむような時間があっても。

例えばこの『円谷プロ全怪獣図鑑』は5000円もするので、家ではなかなか買えない。ウルトラマンの本だったら、子ども用のボードブックでももちろんいいとは思うんですけど、せっかくだったら円谷プロ50周年記念に刊行され、「ウルトラQ」から「ウルトラマンゼロ」まで、全怪獣2500体がオールカラーで掲載されている子どもも大人も夢中になれる本がこういう場所にあってもいいんじゃないかと思ったんです。

大川　『円谷プロ全怪獣図鑑』、大人気です。

幅　重いし、怪獣の名前にルビもありませんし、ちょっと子どもには難

ティム・ウォーカー
1970〜
イギリス出身のファッションフォトグラファー。幻想的な世界観でDiorやVOGUEなどの世界的なブランドとコラボレーションを行う。誰もが知る寓話をベースにしたファッション写真を撮ることから、子どもへの親和性が高いと考えた。

ボードブック
厚紙でできた本。幼児向け絵本の仕様に多い。

円谷プロダクション監修『円谷プロ全怪獣図鑑』（小学館、2013）

しいかなと思って、迷いながらではあったんですけどね。自分の子どもの通っていた保育園にも、主要怪獣15体ぐらいが掲載されているウルトラマンの本が置いてありました。保育園に置く1冊としてはそれで十分というか、オーソドックスではある。でも、純粋に様々なものに染まれる幼少期だからこそ、デフォルメせずに本物を見せ、触れてもらった方がいいんじゃないかなという気もしたんです。意外に、ルビのない漢字とか気にせず眺めていましたしね。

ところで、保育園でこれだけの量の本があって、ライブラリー専用の部屋もあるというのは珍しいと思うのですが、周辺の教育施設と比べていかがですか？

大川　そうですね。図書室がある保育園はほかにもあるんですけど、ここは本の種類がほかとは少し違うなと感じています。

幅　なるほど、具体的にもう少し詳しくうかがってもいいですか？

大川　種類も豊富で、私自身もまだ全部読みきれていませんし、読みたい本を探してここに来ると「あれ？　ある」「あれ？　ある、ある！」っていう感じで読みたい本がどんどん横につながって、ジャンルが広がっていくんです。

本につながる

幅　ここは保育園ですから、2歳で入園した子が3歳、4歳、5歳というふうに成長していくと思いますが、年齢によって読む本が変わってきたり、図書室の使い方も変わってきたりするものなのでしょうか？

大川　そうですね。大きい子たちは、発表会で「ブレーメンの音楽隊」をやったりすると、「ブレーメンの音楽隊」の本を見つけて、「これ、これ！」って言って、先生を引っ張っていったりしていますね。やっぱり自分と結びついているものがあると、興味を持つみたいです。

幅　一冊の本を読み切ることは当然重要です。一方で、直感に導かれるまま、興味本位に手にとって、まず1ページ目を開いてみる機会もこの場所には必要な気がしました。子どもたち自身も自分が何が好きで、何が嫌いなのか、まだ気がついていないような段階ですから、「図書室＝本を読む場所」というよりは、いろいろな刺激のある空間として使ってもらえたらすごく嬉しいです。

個人的に感じていることですが、読書は好きになるものというよりも、慣れと技術による部分が大きいのではないかと思います。ある程度、習慣化すればテキストを読んで、字面を通じて頭のなかにイメージが広がるおもしろさを味わえる。ひょっとしたら、テレビや映画よりも、よっぽど視覚的な喜びがあるメディアかもしれません。それをいつ体感できるか。僕も小さい頃本を読んでいて、文字だけの誌面でも、絵が頭のなかで動き始める感覚がありました。好き／嫌いというよりは、そういうふうに読めるようになるための練習もある程度必要でしょう。読書に親しむという意味では、本にまったく接点を持たない、興味も何もないような子どもにこそ、何とかしてそのおもしろさに気づいてもらえたらって思います。というのも、インタビューでは、本棚を置かない家が増えているって聞いて、子どもたちと本の距離がますます広がっていくような気がしているんですよ。

河野　マンションだったり、2DKに住んでいたりすると、机ひとつ置くのも大変です。図書館から借りてきた本を読むということであれば、本棚もいらないかもしれません。

新聞もとらない時代ですからね。みんなスマートフォンで調べてしまう時代なので。本そのものに触れ慣れていないと、重さや、紙の質感、字の大きさとか、想像できなくなってしまいます。

幅　そうなんですよね。本は重さとか大きさとか、身体が触れる場所にあるというところに意義があるというか。

結局、これから何でもインターネットと接続できるようになっていくでしょうけど、身体ベースで生きている以上、身体を通じて触れたもの、体感したものと、Ｗｅｂで視覚情報として入ってきたもの、その記憶のされかたに違いはあると思うんです。

どちらが良い／悪いという話ではなくて、おそらく領分の違いで、テレビもいいけど本もいいというか、両輪走っているとより健やかかなと思います。僕らがよく言うのは「結節点」というか、「結び目」をつくってあげるということ。本に興味はないんだけれど、ウルトラマンには興味のある子がウルトラマンの本を通じて別の好奇心が湧いてきたり、ネットとは違って意外に奥行きのあることが書いてあるなとか、そういうふうに感じてくれるといいなと思っています。

河野　読むだけではなくて、感じればいいわけですよね。

幅　読みながら、本というメディアの特性を感じ、覚えておいてもらいたいですね。

河野　保育園の子どもたち全員が興味を示さなくても、そのなかの数人でも興味を示せばいいと思いますし、その子のために存在する本が必ず一冊はあるはずですよね。

幅　全員が良いというものを探すよりは、一人の子が良いと思うもの、お気に入りの一冊を見つけることがすごく大切な経験になると思います。「なんだろう?」とか「なんか変だな」とか、そういう気持ちも含めて。

河野　子どもって、大人には想像もつかないような変なものに興味がわくんですよね。

幅　子どもには理由なんてないんでしょうね。でもそれって一番いいことだと思います。いま本を読むことで、なにか有意義な答えを得ようというか、ためになるものが読みたいとか、本のために支払ったコストに

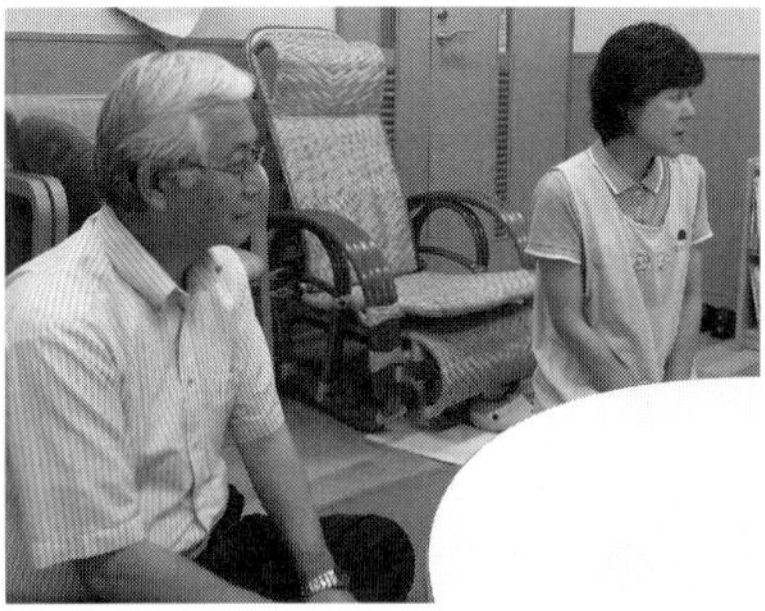

河野理事長（左）と大川園長（右）

代わる、何らかの代替を求めて読む人が多すぎる気がします。

実は本との一番いい付き合い方って、（語弊があるかもしれませんが）本に期待しすぎないことだと僕は思っています。本で得た知識を何かに役立てようとか、得をしようということではなくて、楽しそうだから読む、興味が湧いたから読む、という姿勢で向き合うぐらいの方が、本と長く付き合うためにはいい距離のとり方だと思います。子どもたちの本との向き合い方はまさにそのままで、何らかの結果を求めて読むということではなく、ただおもしろいからペラペラめくってみたり。読書の形として一番幸せかもしれませんね。

子どもと本

幅　昔から本っていうと、どうしても敷居が高いというか、アカデミックな印象がつきまとって、たくさん読んでいると偉い、読んでないとダメっていう風潮がありますけど、もう少し柔らかい感覚で考えていかな

面陳列で並ぶ本

いといけないんじゃないかなという気がしているんです。読む自由もあれば、読まない自由もある。でも、読んだら読んだで、こんな喜びがあるんだということを体感として刻んでいさえすればいいと思います。そのためには人格形成をするようなタイミングで本に触れられる場所、機会があるということがすごく重要ですよね。

どうしても、たくさんの数や種類を読ませたいって思われるお父さん・お母さんが多いと思いますし、その気持ちもわからなくもないのですが、子どもにとってものすごく深く刺さった一冊があれば、それはそれで絶対に大事にすべきだと思います。

大川　ここの図書室でも、『わたしのワンピース』をなぜか毎回借りていく女の子がいます。お母さんが「なんで？　この間も借りたじゃない」って言っても、それがいいみたい。

幅　ずっと読み継がれている名作ですよね。これはもう本当に着飾る喜

にしまきかやこ『わたしのワンピース』（こぐま社、1969）

びに目覚めた子にとってはバイブルみたいな一冊です。でも、本は二度と同じように読めないものなので、その読み重ねもすごくいいと思いますよ。さらにそこにつけ加えるとすれば、つながりで読ませるっていうことは重要かもしれませんね。何かお気に入りの一冊があるんだとしたら、次は同じ作者の別の作品を読んでみるとか、別の洋服の絵本を探してみるとか。僕もすべての本を一文一句網羅して分類や選書をしているわけではなくて、子どもたちの楽し気な希求を目のあたりにしたとき、瞬間的に引き出しが開くというか、そういう感じなんです。この保育園の近くに見える富士山の絵本に興味があるんだったら、次は石川直樹の『富士山にのぼる』もいいかもしれないとか。『わたしのワンピース』が好きだったら、洋服の本にはほかにはこんなのがあるとか。そういうふうに結び目をたどっていけるといいですね。

本をたくさん読んで、その読書記録がスマホ内や自分の脳のなかにあることが重要なのではなくて、目の前にある現実や感情と本が束ねられることが有機的な連鎖の読書を可能にしていると思います。

石川直樹
1977〜
写真家。探検家。東京藝術大学大学院美術研究科博士後期課程修了。博士（美術）。2000年に北極から南極まで人力で踏破するPole to Poleプロジェクトに参加。翌年には、七大陸最高峰登頂に成功。人類学、民俗学など幅広い領域に関心を持ち、作品を発表し続けている。

石川直樹『富士山にのぼる』（教育画劇、2009）

河野　関連づけて読んでいくっていうのは一つの方法としてありますね。もっともっといろんな活用の仕方ができそうです。

幅　少しの工夫でいろいろと変わっていきますからね。

大川　字がまだ読めない子がここに来て、絵本をめくって、その絵に合わせて自分でつくったお話をしながら読む子がいたりするんです。

幅　すごいですよね、彼らの天才的な想像力。たぶん我々には想像も及ばないような脳のはぐくみ方をしているんでしょうね。

大川　本を読んでもらって大人になると、いい記憶になって残ると思いますし、大人にも子どもと一緒に読書をした記憶が残りますよね。

幅　そうですね。だから、まずは最初の1冊を手にとってもらえるかどうか。自分が子どもの立場だったら目の前の1冊を手にとるかな？　というイメージを頭のなかで常に問いかけながらこのライブラリーを育てていっていただけると嬉しいです。
今日は長々とありがとうございました。

河野・大川　こちらこそ、ありがとうございました。ライブラリースペースのメンテナンスも含め、引き続きこれからもよろしくお願いします。

丘の上保育園
河野義文さん／大川敦子さんとの対話の後で

絵本から児童文学へ辿り着かない

自分たちのつくったライブラリーがどのように使われているのかを確認することは大切です。本棚はできあがったときが100％ではダメで、その後そこに読み手が関わり、ニーズが反映され、少しずつ100％に近づけていくべきものだと思います。場所や予算にもよりますが、僕たちがつくるライブラリーは完成後に何度か本を足し引きしていき、ゆるやかな新陳代謝が進むようにしています。

さて、この項では子どもたちに対する本の提案がテーマでしたが、実は本の未来を考えたときに一番大事なことだと僕は思ってます。近年は安藤忠雄[1]氏の建築による「こども本の森」という子どものための図書

1　建築家、東京大学名誉教授。独学で建築を学び、1969年安藤忠雄建築研究所設立。代表作に「光の教会」、「地中美術館」など。1979年、「住吉の長屋」で日本建築学会賞受賞。

館施設の立ち上げ／運営に関わり、中之島、遠野、神戸と、それぞれの場所で子どもと本の関係を見るにつれ、その想いは確信に変わりました。彼らと本の関係を未来に向けて、健やかに形づくることが自分の仕事の重要な部分だと思えるようになりました。

昨今、時間の奪い合いが激しいという話はよくしますが、それは子どもたちも同じです。学校や塾や習い事、スポーツクラブなどで忙しく、都会でも、地方でも、子どもたちの「なにもしない」時間はどんどん少なくなっています。その時間の余白が「もったいない」、「無駄」だと考える大人も多いようです。

また、アミューズメントも多様化し、貴重な余暇の時間の使い道に、わざわざ本を選ぶ子どもも少ない。数十秒の動画や百数十文字の言葉で人を唸らせることに世間が躍起になっているなか、1時間読んでも「わかった！」という確信が持てる保証がない本は、「好きな子だけ読むもの」になっているとある小学生から聞いたこともあります。どんな子も小さな頃はあんなに絵本を読んでいたのに……。

実は、幼少期に絵本を手に取る率は以前と比べると高まっていると言われています。情操教育の一環でしょうか、「ともあれ子どもに絵本を読ませたい」という親も多いようです。実際、出版不況と言われる現在でも雑誌、小説作品などの売上減少に比べ、絵本のマーケットはまだまだ活況です。しかも、絵本は五感で味わうものですから、電子書籍ではなく紙の本が中心に売れていることも特徴でしょう。

しかしながら、絵を中心に据え言葉で物語を進めてゆく絵本から、言葉を中心にして絵を添えている児童文学まで辿り着かない子どもが年々増えています。視覚至上主義の世の中だからか、「絵のない本は退屈そう」と敬遠されがちなのだそうです。また、絵本に比べエンディングに行き着くのに時間が掛かるのも手が遠のく理由なのだとか。「楽しい物語は終わって欲しくない！」と最終ページまで噛み締めながら読んだ何冊かを僕は大切にしているのですが、道中より結論に力点を置く人にとっては、短いストーリーにしか没入できないのかもしれません。それは少し残念なことです。

矢玉四郎『はれときどきぶた』岩崎書店（1980）

頭のなかで像を描く

先述の対談でも触れましたが、僕はテキストのみの小説作品にのめり込むと、勝手に登場人物が脳内で像を結びます。そして、彼らが映画などよりも鮮やかに滑らかに動き出します。そんな読書体験がいつから始まったのか記憶を辿ってみたのですが、しっかりと「文字が立ちあがり頭のなかで像を描く」体験を意識したのは、矢玉四郎の『はれときどきぶた』を読んでいたときだったと思い出しました。

小学校に入ってすぐ手に取った本だと思うのですが、限りなく絵本に近い児童文学作品です。その両者の架け橋となる幼年童話と言っていいと思います。内容は主人公のノリヤス君が日記に書いたことが翌日現実になってしまい、しまいには空からブタが降ってくるという荒唐無稽な話。きっと空から大量のブタが呑気に舞い落ちてくる様子が愉快だったのでしょうね。ただ、この作品は物語の重要シーンを描く挿絵や表紙にいる太眉のノリヤス君のインパクトが強かったので、文字だけの描写でも主人公の動きが脳内でイメージしやすかったのだと今では思います。まったく何もないところから想像させるより、強いキャラクターを提示した後に読み手の頭のなかで映像化する方が効果的なのでしょう。

こうしたステップを重ねながら長い文章に慣れていくと、文字ばかりの物語が、より自由で広がりのあるキャンバスだと感じられるようになると思います。絵本から急に多くのテキストが並ぶ児童文学に急いでジャンプするのは難しい。ならば、小さな階段をゆっくり一歩ずつ登って慣れていくためには幼年童話を大切にするのが着実な方法です。そして今、子どもの文学の世界に足りないのは、この「そろそろと階段を登る」ときに読みやすい本の提示なのではないでしょうか？

具体的に言うと、児童文学や幼年童話のつくり手や編集者がどんな絵をどこに配置するのかについてもっと緻密に考えることができると思います。それは、挿絵の数を増やすのではなく、挿絵の強さと効果をどうあげるのか？　ということ。まったく別のジャンルですが、ライトノベル作品というのは、表紙絵のパワーで登場人物への愛着を生み出し、その後続くテキストへ没入させる効果を果たしています。

もちろん、児童文学作品の表紙をライトノベル的な二次元アニメ風にしましょう、という安易な話ではありません。実際、表紙のイラストがアニメ調だと、脳内で動き出す物語もそれに連動して同じアニメーションになってしまうので、例えば、そのストーリーが本当にアニメ化された時点で読者の想像がまるで不正解のように思えてしまいます。人気のある漫画家が、自作風のキャラクターデザインをしたとしてもイメージできる範囲が狭くなってしまうでしょう。

そうではなく、子どもの文学の世界ではオリジナリティがあり、読み手の妄想力が膨らむようなヴィジュアルが数枚だけ必要だと思います。求心力というより、遠心力のある画と言いましょうか。それは想像を縛るのではなく、解き放つ存在です。そういう意味で、子どもたちが幼児期によく手にとっていた絵本の画を手掛けてきた人たちと共に、絵本の延長となる幼年童話や児童文学の絵をどう描くのかを考えることは建設的な創作につながると思います。

ちなみに、児童文学における理想的なヴィジュアル面でのサポートは、映画監督の宮崎駿[2]さんが描くイメージボードだと僕は思っています。彼はアニメーション映画を作り始める前に、脚本や登場人物のプロフィール、造形よりも、まず1枚の絵でその作品世界を描き切るといいます。そして、その物語の扉となるイメージボードは、これから続いてゆく物語の壮大さとわくわく感を雄弁に語るものです。児童文学の世界に没入させる鍵を渡す1枚の絵。けれど、それは読者の想像力を羽ばたかせるためだけに機能し、妄想を縛らない。この塩梅が難しくおもしろい編集作業になるのではないでしょうか。

児童文学ではありませんが、宮崎さんは彼自身の愛読書でもあったサン＝テグジュペリ[3]の『人間の土地』文庫版の表紙絵を描いています。サハラ砂漠に不時着した飛行機乗りが、渇きと疲労に耐えながら生還を

2　アニメ作家、映画監督。大学卒業後、東映動画（現・東映アニメーション）に入社。その後、いくつかのプロダクションを経て、スタジオジブリ設立に参加。作品に『風の谷のナウシカ』『天空の城ラピュタ』『となりのトトロ』『魔女の宅急便』『千と千尋の神隠し』など。

3　フランスの作家、操縦士。第二次世界大戦で偵察機の搭乗員として出撃し、コルシカ島の基地を発信したまま帰還していない。著書に『夜間飛行』『星の王子様』等がある。

サン＝テグジュペリ／堀口大學訳『人間の土地』新潮文庫（1955）

果たすこの物語。空を駆る者が地べたを這い歩きながら人間の生きる源泉を知るという傑作ですが、表紙の低空を飛ぶ飛行機の絵は、テグジュペリ本人の体験をふまえたこの小説の内実をうまく漂わせています。

つまり、表紙の絵は既存のヴィジュアルをどこかから持ってくるより、読んで愛着を持っている者が描き下ろした方が物語を増幅させると思えるのです。さらに付け加えるのであれば、表紙絵に加えて物語世界の地図や登場人物・作中植物・作中食物の図鑑など、リファレンスを丁寧につくることで（『人間の土地』［文庫版］では、年譜の前にテグジュペリのほかにもアンリ・ギヨメ、ジャン・メルモスなどの墜落地図もあります）、物語内を自由に泳げる準備を整え、あとは子どもたちの背中を押してやればいいのだと考えます。

読書の測り方

さて、怠惰な本書はデータを駆使して理路整然と論を積み上げることをめざしていないのですが、「公益社団法人 全国学校図書館協議会」と毎日新聞社が共同で毎年調査をしている小・中・高等学校の生徒たちの読書状況を参考までに見てみましょう。

2022年5月における「1ヶ月の平均読書冊数」を見ると、小学生が13・2冊、中学生が4・7冊、高校生が1・6冊となっています。ちなみに小学生は1995年の5・4冊の2倍以上になっていますし、中学生も1・6冊だった1997年に比べると3倍近くにもなっています。（ちなみに高校生は、ここ30年ほど一貫して2冊以下とまったく変わっていません。ぶれていない……）

朝読などを推進した教育機関や公共図書館、各家庭の努力によって小学生は「よく本を読むようになったものだなぁ」と喜ばしい気持ちにもなるのですが、ただ読書の浸透を冊数で測ってよいものか？ ということを僕はいつも思ってしまいます。

当然のことながら、数ページの短い本もあれば、千ページを超えるような大著もあります。同じページ数でもマンガを読むのと、哲学書を読むのではまったく読書体験が異なりますし、同じマンガでもテキスト量は内容によって大きく異なります。また、同じ本を何度も読み重ねる読書はどうカウントされるのでしょう？　近年、雑誌の文字量が減り、Web上の文字量も減り、一度に人が理解し許容するテキスト分量が少なくなっているのと同じように、子どもも短い時間で結論（やカタルシス）に達するものを求める傾向が強いのではないでしょうか？　だって、周りの大人がそうなのですから。

だとすると、10分で読了できる絵本ばかりを手にとって、100分かかる児童文学は回避し、「一月に30冊読みました、偉いね」と表彰されるポジションを選ぶ子どもが多数出現しても不思議なことではありません。（たくさんの冊数を読むという）ゲーム的には、最適解ですもの。

つまり、冊数で読書の浸透を計測しようとしても、現実的に難しいのではないかと僕は思います。逆に、1冊とじっくり向き合い、ゆっくり反芻しながら味わう読書から、人はどんどん離れていってしまいます。

「この本を読んだらお金持ちになれます」的な即効性ばかりを謳った本はいい加減やめて、ずっと読み重ねられる遅効のコンテンツをめざしていくべきだと出版人がやっと気付き始めたのに、人生の最初の読書の測り方がこれでは先が思いやられます。少なくとも「たくさんの本を早く読むことに対する奨励」を止めれば、子どもたちはもう少し興味本位に、よい意味で自分勝手に本と向き合ってくれると思います。

とは言え、読書に関する記録は何らかの形で残していかなくてはいけません。しかし、読書という無形で人によって反応が異なる価値を数字にするのは本当に難しい。僕個人は、時間で測るしかないのでは？と思っています。

長い本も、短い本も、簡単な本も、難しい本も、読書というのは全部その本を記した書き手と読み手が出会う行為です。精神の受け渡しです。書き手が必死で残した言霊に、読み手が呼応し、増幅させ、自身のなかに取り込んでいくことです。そんな風に本と向き合って、対峙している時間のみが唯一の物差しになるのではないでしょうか？

ただ、時間といっても「ぼーーっ」と本を開いている時間と、集中し脳の回転数を高めて挑む読書では、まったく中身が変わってきます。これでは、読書に対する集中度が正確に測れないではないか！と声を荒らげる人もいるでしょう。けれど、僕は思うのです。まあ、それもいいじゃないか、と。

脳波を測れば、多少はその本に対する没入度がわかるかもしれません。でも、教室全体で皆が頭に計器をつけて本を読んでいる未来を僕はおぞましいと思います。ジョージ・オーウェル[4]の世界じゃないのだから。

僕は本の読み方の自由を支持しています。人はあるときは集中して、あるときはぼんやりしながら、またあるときは眠い目をこすりながら、教室で、電車で、ベッドで、お気に入りのソファで、公園で本を読むのでしょう。その色とりどりの読書時間に対して、誰かが何かを指摘しジャッジするなんて、ずいぶん野暮なことのように思えます。

それよりも、教育の現場で教えられることがあるとしたら、それは

4　イギリスの作家、ジャーナリスト。その代表作『1984年』はランダム・ハウス、モダン・ライブラリーが選んだ「英語で書かれた20世紀の小説ベスト100」（1998年）に選ばれた。

「どんな目的のときにどういうメディア（本）を手に取るべきか」という使い分けの方法なのではないでしょうか？

何かを調べたいときにどの範囲までをインターネットで調べ、一方そこには浮遊していない情報をどう紙の本から得るのか？　よく推敲がなされ、情報の精度も強度も高い本から、人は何を得ることができるのか？　ストレスオフの休む読書もあれば、文体の精巧さや物語世界を堪能する味わう読書もあるはずです。それら、本の読み方の多用さと使い分けを小さな子どもの頃から意識できれば、情報に溺れず自分という主体を大切にし続けることができると思います。

「本を読む」ということは、今までは一義的に捉えられがちでした。けれど、その階層の違い、感触の違い、心持ちの違いを全部肯定してみては如何でしょうか？　そして、呼吸をするような読書を小さなときから「くせ」にしていれば、彼ら彼女らは長らく本という存在とうまく付き合っていけるはずだと思います。健やかな本との付き合いを、ぜひ皆さんもお愉しみください。

【参考文献】

松岡享子『子どもと本』岩波新書(2015)
瀬田貞二『幼い子の文学』中公新書(1980)
河合隼雄・松居直・柳田邦男『絵本の力』岩波書店(2001)
宮崎駿『本へのとびら』岩波新書(2011)

エピローグ

この本を一望してまず驚いたのは、この本を書き始めた頃は僕が坊主頭だったという事実です。当時、とにかくいろいろなものを削ぎ落としたくて、週2回自らバリカンで刈っていました。その期間は7年間位だったと思うのですが、それによって清く潔い人生が送れたかというと、決してそうではないですね…。

40代も半ばを迎え、諦念とは別の意味で自分のなかのだめな部分との折り合いのつけ方を発見して髪を伸ばし始めたら、とても白髪が多くてこれまた驚きました。

「職業ならぬ職を発明し継続する場合、さぞかし苦労も多いのですね」と言われたことは何度かありますが、正直、この時代に本の仕事をする辛さを感じたことが僕にはありません。

それどころか好きなことのために毎朝起きることができるなんて、本当に幸福なことだと思っています。世界を巡り包むスマートなシステムとテクノロジーが人の自発的な行動や領域外への興味、圏外へのジャンプを（誰も気づかないようなさりげなさで）減退させていくなか、まだ自分の「らしさ」（＝「好き」）を生きる糧にしていられる。そんな個々の「らしさ」の死守こそが、「ホモ・デウス」に進化したくない人間の抵抗の歴史となっていくのかもしれません。

『サピエンス全史』で知られるユヴァル・ノア・ハラ

リは、生命がアルゴリズムに置き換えられた場合、意思決定の主導権は人間からデータに移行し、神の権威はシステム側に付与されると言いました。人の思考よりもデータの示す行為の方が効率的と判断され、主従が逆転してしまうことを予想したわけです。そんな「ホモ・デウス」化へと向かう時代に抗って、自身のなかから出てくる「好きだと思えること」、「続けていて飽きないこと」を読者の皆さんの日常に根付かせるために、この本を書きました。

個々がそれぞれに持つ「好き」。それを他者に伝わるものにしていくということは、公共性を獲得するということです。そのためのケーススタディをこの本には幾つも散りばめたつもりですが、果たしてあなたの「らしさ」を未知なる場所へ届けるヒントになったでしょうか？

自身の「好き」に深く潜ってとことん探求すること。「好き」を伝える術を実装化するために、細部への着目と他ジャンルとの協働を惜しまないこと。そして、あなたの「好き」に対して無関心な誰かに対して寛容になり、興味の無さそのものについての想像力を働かせること。

必ず伝わるコミュニケーションよりも、伝わりにくいものが何とか届いたという関わりの方が、喜びが大きいものです。加えて後者は、他者を（もう一度）信じてみようという心持ちをも湧き立たせます。僕が、とことん楽観的にここまで生きてこられたのは、届きにくいものを、（苦労しながらも）確かに届けられたという現場を多々実感してきたことが大きいように思います。

一方で、自身の内に眠る「らしさ」や「好き」に対して、それをどう見つけ、すくいあげればよいかわからないという方も昨今は多いようです。それは痛みや苦しさに対する耐性をつけるあまり、喜びや愉しさについても鈍感になっている状態なのかもしれません。感じにくくならざるを得なかったということでしょうか。そんな方にこそ、本という他者を僕は勧めたいと思います。見知らぬ誰かの感情やアイデアに自身を重ねる読書は、少しずつ自分を柔らかくし、世界に存在する様々な（自分以外の）事象に関心と敬意を持つことへ繋がります。

そうして、少しずつ輪郭が明らかになったあなたの「好き」が、あなた「らしい」方法で誰かへと届きますように。その「差し出し方」は、きっとあなただからできたやり方のはずです。

最後になりましたが、この長い長い執筆を支えてくれた弘文堂の加藤聖子さんの粘り強さと胆力に心からの感謝を。日々、支えてくれるＢＡＣＨスタッフの皆々の情熱にも感謝を。（彼にとって恥ずかしいことをしたくないといつも思わせ、）仕事に対するエネルギーを注入してくれる渡辺貫太にも感謝を。そして、毎日を支えあう僕の楽観と幸福の源、蘇文芳にも心からの感謝を伝えたいと思います。

２０２３年１月

著者紹介

幅 允孝（はば よしたか）

有限会社BACH（バッハ）代表。ブックディレクター。人と本の距離を縮めるため、公共図書館や病院、学校、ホテル、オフィスなど様々な場所でライブラリーの制作をしている。安藤忠雄氏が設計・建築し、市に寄贈した子どものための図書文化施設「こども本の森　中之島」では、クリエイティブ・ディレクションを担当。最近の仕事として「早稲田大学 国際文学館（村上春樹ライブラリー）」での選書・配架、札幌市図書・情報館の立ち上げや、神奈川県立図書館の再整備、ロンドン・サンパウロ・ロサンゼルスのJAPAN HOUSEなど。著書に『幅書店の88冊』（マガジンハウス）、『つかう本』（ポプラ社）、『本なんて読まなくたっていいのだけれど、』（晶文社）などがある。神奈川県教育委員会顧問。

差し出し方の教室

2023（令和5）年1月30日　初版1刷発行

著　者　幅　允孝

発行者　鯉渕友南

発行所　株式会社 弘文堂　101-0062 東京都千代田区神田駿河台1の7
TEL03(3294)4801　振替00120-6-53909
https://www.koubundou.co.jp

編集協力　カワイイファクトリー（原田環・中山真理）

印　刷　大盛印刷

製　本　牧製本印刷

ISBN978-4-335-55180-2